Anne Kopp

Vogelhäuschen bauen

Weltbild

Inhalt

Die schönsten Futterstellen

Winterfütterung für Vögel

Zu diesem Thema gibt es unter Vogelfreunden unterschiedliche Meinungen. Die einen sagen, es sei Unsinn, den Vögeln im Winter Futter zu streuen, weil es insgesamt gesehen der heimischen Vogelwelt schade. Ihre Argumente: Die heimischen Standvögel erfahren keine natürliche Auslese, vermehren sich entsprechend und nehmen den heimischen Zugvögeln im Frühjahr die nötigen Nistplätze weg.
Andere wiederum sind für eine Winterfütterung, weil vielfach das Nahrungsangebot vor allem in den Ballungsgebieten im Winter nicht ausreichend ist. Das betrifft die etwa zwanzig Singvogelarten, die im Winter bei uns bleiben bzw. aus noch kälteren Gebieten zu uns zum Überwintern kommen.
Da beide Meinungen nicht völlig von der Hand zu weisen sind, sollte man bei der Fütterung unbedingt einige Grundsätze berücksichtigen. Es gilt eine eiserne Regel, nach der nur bei Eis und Schnee gefüttert werden darf. Es ist nicht nötig und sogar schädlich, bereits im Herbst mit dem Füttern zu beginnen und es bis in die Frühlingstage auszudehnen. Die Gefahr ist hoch, dass durch feuchtes Futter bei wärmeren Temperaturen Krankheiten ausgelöst werden.
Die Salmonellengefahr ist nur eines von vielen Problemen bei der Vogelfütterung vor und nach der Frostperiode.
Darüber hinaus gilt es, einige Regeln zu beachten: Wenn gefüttert wird,

- dann regelmäßig,
- immer an der gleichen Stelle,
- nicht zu viel auf einmal, damit nichts verdirbt,
- vielseitig im Angebot, für Körner-, Weichfutter- und Allesfresser.

Weiterhin ist als oberstes Gebot darauf zu achten, dass die Futterstelle

- katzensicher steht oder angebracht wird, also entsprechend hoch und mit genügend Freiraum bei einer Bodenfütterung, und
- immer wieder gereinigt wird (am besten mit heißem Wasser auswaschen).

Das Problem bei den normalen Futterhäuschen ist der Kot, der sich mit dem Futter vermischt. Deshalb sind hängende Futterstellen und Silos die sauberste Lösung. Doch ohne Futterstellen am Boden geht es auch nicht, weil einige Vogelarten darauf spezialisiert sind, ihr Futter dort zu suchen.

In der Galerie der schönsten Vogelhäuser finden Sie die Modelle nach aufsteigendem Schwierigkeitsgrad geordnet, beginnend mit den einfachen bis hin zu einigen wenigen, die profimäßige Ansprüche stellen.

niedrig 

mittel 

hoch 

sehr hoch 

WER FRISST WAS?

Nur wenige Vögel sind richtige Allesfresser. Deshalb werden drei Gruppen unterschieden, die unterschiedliche Ansprüche ans Futter haben:
Weichfutterfresser sind Vögel mit meist spitzen und feinen Schnäbeln, wie z. B. Amsel, Rotkehlchen, Gartenrotschwanz, Star. Zu den Körnerfressern zählen Vögel mit

dickeren, kräftigen Schnäbeln, wie z. B. die Finken und Sperlinge, die Zeisige und der Dompfaff.
Als Allesfresser gelten die Meisen und die Spechtvögel.
Doch manchmal sind die Grenzen zwischen diesen Gruppen auch fließend. So suchen sich Weichfutterfresser ihre Nahrung bevorzugt am Boden. Dafür eignen sich Äpfel, Birnen, Rosinen, getrocknete Wildbeeren, feine Samen sowie Weizenkleie und Haferflocken.
Körnerfresser gehen gern in Futterhäuschen, an Futterglocken und Ringe. Sie mögen Sonnenblumenkerne, Hafer, Hirse, Getreidekörner, gehackte Nüsse (Erd- und Haselnüsse), Hanfsamen.
Für alle Vogelarten geeignet sind Weizenkleie und Rindertalg.
Körnerfresser nehmen aber auch Weichfutter auf. Umgekehrt gibt es die flexiblen Weichfutterfresser, die sich im Winter auch auf feine Körner umstellen können und zu Allesfressern werden.
Es ist aber ratsam, immer mehr Weichfutter anzubieten.

FUTTER SELBST MISCHEN

In guten Fachgeschäften gibt es für alle Gruppierungen passende Zusammenstellungen des Futters, aber auch viele Möglichkeiten, gutes Vogelfutter selbst her- bzw. zusammenzustellen. Hier einige Beispiele:
Klein geschnittenen Rindertalg bis zum Weichwerden erhitzen (aber nicht zu heiß werden lassen, stinkt sonst gewaltig!); dann Weizenkleie dazumischen. Das Mischungsverhältnis: ein bis zwei Gewichtsteile Rindertalg und ein Teil Weizenkleie. Das Ganze mit einem Schuss Salatöl abrunden, damit der Talg auch bei Frost geschmeidig bleibt und nicht bröckelt. Je mehr Körner in die Mischung kommen, desto lockerer wird sie im erkalteten Zustand.
Für eine Futterglocke wird das flüssige Futtergemisch in einen Tontopf gegossen und ausgekühlt. Beim Formen von Meisenknödeln wird am besten gleich das Seil zum Aufhängen des Topfes und des Drahts zum Festhalten der Mischung bzw. des Knödels mit eingearbeitet.
Eine Anleitung für eine selbstgestaltete Futterglocke finden Sie auf Seite 16.

FUTTERSTELLEN FÜR HEIMISCHE VÖGEL

Den Vögeln ist es gleich, wie die Futterhäuschen aussehen, doch sind sie bunt und originell, schmücken sie Fensterbank, Balkon, Terrasse oder Garten. Zwischen dem Grün der Pflanzen sehen die Häuschen auch im Sommer dekorativ aus. Sie sollten es jedoch unbedingt vermeiden, während der Warmwetterperiode zu füttern.
Wird ein Futterhäuschen sorgfältig gebaut, hat man daran lange Freude. Ob man es aufhängt oder aufstellt, wird von den örtlichen Gegebenheiten bestimmt. Beides ist bei vielen Modellen dieses Buches möglich. Aber nochmals zur Erinnerung: Die Häuschen sollten so aufgestellt werden, dass Katzen keine Chance haben und der Regen vom Futter ferngehalten wird! Schattige Plätze sind übrigens besser geeignet als zu sonnige, damit das Fett im Futter nicht so leicht schmilzt.

Material und Werkzeug

Futterhäuschen werden in erster Linie aus Naturmaterial wie Holz gebaut. Geeignet sind Massivhölzer von Kiefer, Tanne oder Fichte, aber auch Sperrholz – jedoch nur wasserfest verleimt. Wasserfest ist deshalb wichtig, weil die meisten Futterhäuschen der Witterung ausgesetzt sind. Nicht wasserfest verleimtes Sperrholz quillt auf und verwirft sich schnell. Durch Lackieren wird die Wetterfestigkeit noch erhöht. Wasserfest verleimtes Sperrholz ist allerdings auch teurer als normales Sperrholz. Teile, die länger als 10 Zentimeter sind, kann man sich im Baumarkt zuschneiden lassen. Holzleisten gibt es dort in allen Größen und Formen. Wenn Sie kürzere Leisten brauchen, fragen Sie im Baumarkt nach der Restekiste. Sie kann eine wahre Fundgrube sein! Hier können Sie die gewünschte Ware zu günstigen Preisen erstehen.
Auch Schreinereien haben Restbestände von Leisten und Hölzern aller Art. Dort können Sie ebenso preisgünstig fündig werden.

MATERIALIEN

- Schleifpapier/Schleifschwamm
- Holzleim (Weißleim), nur wasserfesten verwenden
- Kraftkleber, nur wasserfesten verwenden
- Schrauben, der Holzdicke entsprechend
- Rundkopfnägel, kurze
- Drahtstifte (Nägel)
- Dachpappenstifte, kurze
- Dachpappe
- Kunstrasenteppich oder Nadelfilzmatten
- Kordel, wetterfest
- Bindedraht, ummantelt
- Permanentmarker, wasserfest, in Schwarz (Fineliner)
- Silikon, als Kleber aus der Kartusche
- Acryllack auf Wasserbasis, in verschiedenen Farben
- Dickschichtlasur auf Wasserbasis, farblos oder getönt

WERKZEUGE

Viele der benötigten Werkzeuge und Materialien gehören heute fast überall zur Grundausstattung von Haushalten, in denen »irgendetwas« mal selbst getischlert wird, so beispielsweise:

- Handsägen, wie Fuchsschwanz oder Stichsäge, ggf. auch Laubsägen, oder
- Elektrosägen, wie Stichsäge, Dekoupiersäge (die elektrische Laubsäge) oder für größere Teile eine Band- oder Kreissäge
- Hand- oder Elektrobohrer
- Akkuschrauber
- Schraubenzieher
- Hammer
- Schraubzwingen
- Borstenpinsel als Leimpinsel und Lackierpinsel
- Kunsthaarpinsel in verschiedenen Größen zum Bemalen
- Schwingschleifer bzw. Schleifteller an der Bohrmaschine, alternativ
- Schleifklotz (handlicher, rechteckiger Holzklotz, um den das nötige Schleifpapier gewickelt werden kann)

WAS ZU TUN IST

Wenn Sie ein Vogelhaus Ihrer Wahl entdeckt haben, suchen Sie den passenden Zuschnittplan, und reißen Sie auf den entsprechenden Hölzern die genauen Maße an.

Die einzelnen Teile werden nach Plan, und wie in den Schrittanleitungen angegeben, zusammengefügt und verleimt. Wenn mit wasserfesten Weißleimen gearbeitet wird und die Teile mit Schraubzwingen zusammengepresst werden, hält die Verbindung gut.
Sicherheitshalber sollten Sie aber mit kleinen Schrauben oder Stiften die Verbindungen stabilisieren. (In den Arbeitsschritten wird auf diese ergänzende Arbeit nicht immer hingewiesen.)
Falls Sie sich zum Arbeiten mit Massivholz mit einer anderen Dicke als den 0,9 Zentimetern des Sperrholzes entschieden haben, müssen Sie alle in den Zuschnittplänen angegebenen Werte entsprechend verändern. Auch wenn die Grundmaße erhalten bleiben, so ändern sich doch fast alle Werte, wo die Plattenteile aufeinanderstoßen. Nach dem Anpassen der Maße können Sie genau so verfahren, wie in der Anleitung beschrieben. Schleifen Sie nach dem Trocknen des Leims die Kanten, damit sie gleichmäßig abschließen. Überflüssiger Leim wird nach dem Hartwerden mit einem scharfen Spachtel oder einem Stechbeitel weggestemmt. Das ist nötig, weil an den Leimstellen die Farbe sonst nicht haftet.
Für den Anstrich gibt es mehrere Möglichkeiten. Streichen mit Acryllack erübrigt Grundierung. Acryllack kann deckend mit dem Borstenpinsel aufgetragen werden oder verdünnt wie eine Lasur. Es ist jedoch besser, die Holzoberfläche vor dem Lackauftrag mit einem Schwamm anzufeuchten. Die Holzfasern richten sich auf und nehmen den Lack besser an. Nach dem Trocknen die Flächen mit feinem Schleifpapier gegen den Strich schleifen.

Auch Abtönfarbe ist wetterfest und kann zum Bemalen der Vogelhäuschen verwendet werden. Ein farbloser Überzug mit Dickschichtlasur auf Wasserbasis ist ebenfalls sinnvoll, weil die Farbe dadurch zusätzlich geschützt wird und brillanter wirkt.

BEMALUNG MIT MOTIVEN

Die figürliche Bemalung erfolgt mit den feineren Kunsthaarpinseln. Es ist dabei einfacher, sich bei der Bemalung an die Vorgaben des Buches zu halten. Der Fantasie sind aber keine Grenzen gesetzt, deshalb können Sie Ihr Vogelhäuschen ganz persönlich gestalten.
Je genauer Figürliches vorgezeichnet wird, desto sauberer wird das Ergebnis. Die Vögel stört es nicht, wenn das Futterhaus außen kunterbunt bemalt ist oder irgendein Motiv schief sitzt. Für die Vögel dürfte es wichtiger sein, dass das Häuschen leicht sauber zu halten ist und das Futter ihrer Art entgegenkommt.
Ein einfaches Verfahren, Bilder aufzubringen, ist die Serviettentechnik, auch Découpagetechnik genannt. Die gewünschten Bilder werden auf dünnes Papier kopiert, in die entsprechende Form geschnitten und mit einem Tupfer farblosem Lack am richtigen Ort platziert und fixiert.
Sitzt das Bild, tragen Sie mit einem weichen Pinsel vorsichtig Lack auf das ganze Bild auf, damit es nicht verrutscht oder einreißt. Lassen Sie das Ganze trocknen, und überstreichen Sie dann alles nochmals mit farblosem Lack. Mehrere Firmen bieten dazu einen Speziallack an, der auch für den Außenbereich geeignet ist.

Futterstock

Einfach, aber effektiv sind kleine Futterhäuser im Blumenkasten auf dem Balkon. Im Giebel ist ein Schraubhaken eingedreht, an dem ein Meisenknödel befestigt werden kann.

MATERIAL

- Sperrholz 0,9 cm
- Holzstab geriffelt, rund, Ø 8 mm, als Tragestab
- Schraubhaken, ggf. Schrauböse
- Acrylfarben
- Permanentmarker, schwarz

Zuschnittplan Seite 64

SO WIRD'S GEMACHT

1. **Zeichnen Sie** alle Holzteile nach Plan auf der Holzplatte so auf, dass möglichst wenig Abfall entsteht. Falls Sie mehrere Häuschen planen, ist die Ausnutzung der Platte wegen der gleichen Formate besonders vorteilhaft.

2. **Sägen Sie** die Teile nach Plan aus. Schleifen Sie die Kanten mit feinkörnigem Schleifpapier. Halten Sie die Teile zuerst einmal »trocken« aneinander, um die Passgenauigkeit zu prüfen.

3. **Zusammengebaut wird** in einzelnen Schritten: zuerst die beiden Dachplatten, dann die Giebelwand an die Dachplatten, dann der Balkon an die Giebelwand.

4. **Vor dem Zusammenleimen** des Balkons ein Loch für den Holzstab in die Mitte der Bodenplatte bohren. Der Bohrpunkt liegt im Schnittpunkt der Diagonalen von Ecke zu Ecke.

5. **Grundieren Sie** Dach und Hausflächen in unterschiedlichen Tönen mit Acryllack, danach gut trocknen lassen.

6. **Die Dekoration** aufmalen. Sie können die Fassade der Häuschen nach dem Foto bemalen oder unseren Vorschlag nur als Beispiel und Anregung für eigene Bemalungsideen betrachten.

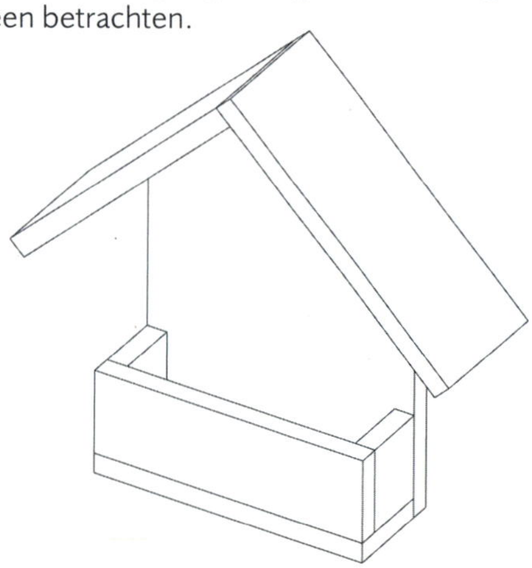

7. **Den Schraubhaken** zum Aufhängen einer Meisenkugel unter dem First eindrehen. Den Tragestab unter Zugabe von etwas Holzleim einstecken.

TIPP Die kleinen Häuschen können (natürlich ohne Stock) auch an einer Wand befestigt werden. Zum Aufhängen wird eine Schrauböse in die Rückwand eingedreht oder ein kleines Loch in die Giebelwand gebohrt.

2007

Sonnenblume

Eine Sonnenblume verleiht immer das Gefühl von Wärme und Lebendigkeit. Auch ohne Futterknödel bleibt diese Sonnenblume das ganz Jahr über ein Hingucker.

MATERIAL

- Sperrholz 0,9 cm (zum Aufhängen) oder
- Massivholz bis 18 mm Dicke (zum Stecken)
- Schleifblock mit Schleifpapier
- Aludübel (Aluröhrchen) 100 cm lang, Ø 8 mm, als Tragestab
- 1 Schraubhaken 3 x 15 mm
- 1 Schrauböse 3 x 15 mm
- Kordel oder Draht
- Acryllack in Braun, Safrangelb und Sonnengelb

SO WIRD'S GEMACHT

❶ **Eine Sonnenblume** von knapp 30 Zentimetern Durchmesser zeichnen, der innere Kreis für die Öffnung zum Aufhängen des Knödels beträgt etwa 10 Zentimeter. Davon eine Schablone aus Pappe anfertigen und die Form auf das Holz übertragen.

❷ **Die Form** aus Sperrholz mit der Laub- bzw. Dekoupiersäge, die aus Massivholz mit der Stichsäge aussägen. Für die innere Öffnung zuerst ein Loch bohren, um das Sägeblatt bzw. die Säge durchstecken zu können. Von innen nach außen an die Kreisfläche heranarbeiten und die Öffnung aussägen.

❸ **Alle Kanten** sauber schleifen. In die scharfen Einschnitte zwischen den Blütenblättern kommen Sie am besten mit ganz dünnen, mit dem Schleifpapier umwickelten bzw. beklebten Leisten.

So geht's weiter als Steckmodell:

❹ **In das Massivholz** an einer Blütenspitze oder genau zwischen zwei Blütenblättern ein Loch von 8 Millimetern Durchmesser zur Aufnahme des Tragestabs bohren.

❺ **Die Sonnenblume** mit den angegebenen Farben beidseitig wie im Foto bemalen. Mit der hellsten Farbe beginnen.

❻ **Im inneren Ausschnitt** einen Schraubhaken zur Aufnahme eines Meisenknödels eindrehen. Er sitzt oben genau gegenüber dem Bohrloch des Tragestabs.

So geht's weiter als Hängemodell:

❹ **In eine Blütenblattspitze** die Schrauböse für die Aufhängung eindrehen.

❺ **Die Sonnenblume** mit den angegebenen Farben beidseitig wie im Foto bemalen. Mit der hellsten Farbe beginnen

❻ **Genau unterhalb** der Blütenblattspitze mit der Schrauböse in den inneren Ausschnitt den Schraubhaken zur Aufnahme eines Meisenknödels eindrehen.

❼ **Kordel oder Draht** durch die Schrauböse ziehen. Diese Sonnenblume kann gut z. B. an einem Rosenbogen, einem Ast oder auch auf der Terrasse oder dem Balkon aufgehängt werden.

Doppelpack-Futterstelle

Futterneid ist fast ausgeschlossen, wenn Sie zwei dekorative Futterstationen zusammen aufhängen. Die Öffnung ist für kleine Singvögel im Anflug ausreichend groß.

MATERIAL

- Sperrholz 0,9 cm
- Dachpappe
- Schrauben
- Acryllack
- Permanentmarker, schwarz

Zuschnittplan Seite 64

SO WIRD'S GEMACHT

❶ **Zeichnen Sie** alle Holzteile nach Plan auf der Holzplatte so auf, dass möglichst wenig Abfall entsteht. Falls Sie mehrere Häuschen planen, ist die Ausnutzung der Platte wegen der gleichen Formate besonders vorteilhaft.

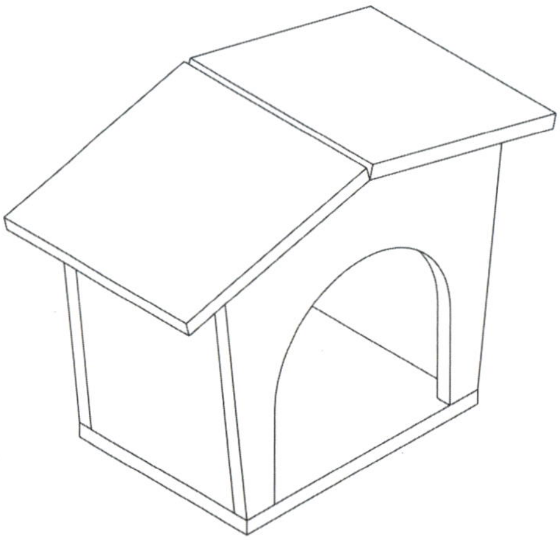

❷ **Sägen Sie** alle Teile nach Plan aus. Schleifen Sie die Kanten mit feinkörnigem Schleifpapier. Halten Sie die Teile zuerst einmal »trocken« aneinander, um die Passgenauigkeit zu prüfen. Zusammengebaut wird wie im Folgenden beschrieben.

❸ **Zuerst Vorder-** und Rückwand mit den beiden Seitenwänden verbinden und an die Bodenplatte leimen, abschließend die beiden Dachplatten anbringen. Sie treffen am First so aufeinander, dass aufgrund der Dachneigung ein schmaler Schlitz offen bleibt.

❹ **Dieses Manko** hat aber keine Auswirkungen, weil alles mit Dachpappe überdeckt wird. Die Dachpappe nach den Maßen des Dachs zuschneiden, aber nach vorn 5 Millimeter überstehen lassen.

❺ **Mit Silikon** flächig aufkleben und zur Sicherheit die Ecken mit Rundkopfnägeln zusätzlich befestigen.

❻ **Die Häuschen** unterschiedlich farbig mit Acryllack streichen. Den Ausschnitt am Rundbogen andersfarbig absetzen.

TIPP Bauen Sie die Häuschen in Serie vier- oder gar fünfmal, die Sie dann am besten an einer einsehbaren Stelle aufhängen. Dann haben Sie die Möglichkeit, in jedes Häuschen anderes Futter zu streuen, und können so die Vorlieben der einzelnen Vogelarten beobachten. Dann lässt sich die weitere Fütterung darauf abstimmen.

Futterbar

Schnell und einfach ist mit dekorativen Untersetzern und ein paar Handgriffen diese »Bar« eröffnet, die Sie im Stil eines römischen Brunnens gestalten können.

MATERIAL

- Topfuntersetzer in unterschiedlichen Größen
- Gewindestange etwa 30 cm lang, Ø 7 bis 9 mm
- 4 Unterlegscheiben und 4 Muttern, passend zur Gewindestange. Die Unterlegscheiben müssen eine möglichst große Auflagefläche für die Untersetzer bieten, damit diese fest sitzen und nicht wackeln oder abkippen.
- 2 Schraubösen mit Innengewinde, passend zur Gewindestange. Machen Sie den Durchmesser der Gewindestange von der Größe der Schrauböseen abhängig.
- Kordel oder Bindedraht

SO WIRD'S GEMACHT

1. **Die Gewindestange** auf die gewünschte Länge kürzen. Achten Sie beim Einkauf unbedingt darauf, dass alle zusätzlich benötigten Teile auch zueinanderpassen. Probieren Sie deshalb alle Teile gleich an Ort und Stelle aus. Testen Sie vor allem die Schraubösen mit Innengewinde, indem Sie sie auf die Stange aufschrauben. Das vermeidet unnötigen Ärger und zusätzliche Lauferei.

2. **Auf das untere Ende** der Gewindestange eine Schrauböse aufdrehen. Dort wird ein Futterknödel aufgehängt.

3. **Auf den Untersetzern** den Mittelpunkt festlegen und dort ein Loch mit dem Durchmesser der Gewindestange bohren.

4. **Montieren Sie** von oben nach unten Mutter, Unterlegscheibe, den kleinen Untersetzer, Unterlegscheibe, Mutter nacheinander auf die Gewindestange.

5. **Zwischenraum lassen** und den größeren Untersetzer als »Dach« montieren. Die Reihenfolge der Teile erfolgt wie in Schritt 4.

6. **Auf das obere Ende** der Gewindestange ebenfalls eine Schrauböse aufdrehen. Dort werden die Kordel oder eine Drahtschlaufe als Aufhänger durch die Öse geführt. Damit die Stange nicht so nackt und kalt aussieht, mit Efeu o. Ä. umranken.

TIPP Es spricht nichts dagegen, noch einen oder zwei weitere Untersetzer auf einer entsprechend langen Gewindestange zu montieren. Der größte Untersetzer muss wieder nach oben. Um das weite Pendeln der Futterbar bei starkem Wind zu verhindern, wird an der unteren Schrauböse ein Bindedraht zu einem Bodenanker geführt. Das kann ein Zelthering oder ein schwerer Stein sein. Es geht am besten, wenn die Futterbar an einem starren Element, wie z. B. einer Teppichstange, aufgehängt ist.

Futterglocke

Gefüllte Futterglocken sind immer willkommen bei unseren gefiederten Freunden. Die Leckerbissen darin können eigene Mischungen oder auch Meisenknödel aus dem Handel sein.

MATERIAL

- Tontopf in Glockenform, Ø etwa 12 cm
- Holzperle, Ø 11 mm
- Kunststoffschnur oder Kordel
- Bindedraht, ummantelt, Ø 2 mm, 10 cm lang
- Acryllack in Weiß, Grün und Rot
- Permanentmarker, schwarz
- Zange oder Seitenschneider
- Klarlack oder farblose Dickschichtlasur

SO WIRD'S GEMACHT

1 **Bemalt wird** ein neuer Tontopf. Trotzdem muss er in jedem Fall mit Spülmittel richtig gereinigt werden.

2 **Nach dem Trocknen** wird der Topf nur außen deckend mit weißem Acryllack grundiert. Trocknen lassen. Stülpen Sie den Topf zum Bemalen des Dekors um.

3 **Mit einem feinen Pinsel** werden in mehreren Grüntönen sich überschneidende Grashalme in unterschiedlichen Breiten aufgemalt. Setzen Sie dazu am Beginn der Wölbung des Topfes den Pinsel an, und ziehen Sie ihn – schräg oder gerade – zügig nach oben, sodass die Halme spitz auslaufen.

TIPP Dieser Topf ist ein nettes Mitbringsel oder Geschenk für einen Gartenfreund. Mit Holzwolle gefüllt, ist der Topf im Sommer auch als Marienkäferbehausung gut zu gebrauchen.

4 **Viele rote Punkte** auf dem gesamten Topf anordnen und mit einem schwarzen Permanentmarker zu kleinen Marienkäfern umgestalten.

5 **Zum Abschluss** der Malaktion die gesamte Fläche mit farbloser Dickschichtlasur oder Klarlack überziehen.

6 **Vorbereitend** zum Aufhängen des Topfes wird ein 25 Zentimeter langes Kordelstück durch die dicke Holzperle gezogen. Die Enden der Kordel werden miteinander verknotet, sodass die Perle wie an einer Kette hängt.

7 **Vorbereitend** zum Aufhängen des Meisenknödels wird der Bindedraht ebenfalls durch die Holzperle geführt. Hier wird der Draht wie eine Haarnadel gebogen, beide Enden zu einem Strang gedreht und das Ende zu einem Haken umgebogen.

8 **Vom Topfinneren aus** wird die Kordel nach außen als Aufhänger geführt, gehalten durch die dicke Perle im Boden des Topfes. Der Bindedraht an der Perle hängt als Haken nach unten ins Topfinnere zum Befestigen des Knödels.

9 **Die Anleitung** zur Herstellung einer Futtermasse, die direkt eingegossen werden kann, finden Sie auf Seite 5.

Futterhänger

Das ist eine leicht zu bauende Futterstelle, die kreativ gestaltet werden kann. Das Nahrungsangebot ist mit Futterknödeln, Äpfeln oder Nussketten recht vielseitig.

MATERIAL

- Sperrholz 0,9 cm bzw. Massivholz 18 mm für die Wand
- Schrauböse 3 x 15 mm
- Kordel oder Draht
- Drahtstange
- Acryllack in mehreren Farben

Zuschnittplan Seite 65

SO WIRD'S GEMACHT

1. **Zeichnen Sie** alle Holzteile nach Plan auf der Holzplatte so auf, dass möglichst wenig Abfall entsteht.

2. **Sägen Sie** die Teile nach Plan aus. Für die kreisrunde Öffnung in der Wand zuerst ein Loch bohren, um das Sägeblatt bzw. die Säge durchstecken zu können. Vom Bohrloch nach außen an die Kreisfläche heranarbeiten und die Öffnung aussägen.

3. **Schleifen Sie** die Kanten und die Rundung mit feinkörnigem Schleifpapier. Halten Sie alle Teile zuerst einmal »trocken« aneinander, um die Passgenauigkeit zu überprüfen.

TIPP Zum Aufstecken des Futters können Sie als Spieß ein Stück aus einem Drahtkleiderbügel (beispielsweise aus der Reinigung) schneiden.

4. **Die Wand** auf beiden Seiten in unterschiedlicher Höhe durchbohren, um eine Drahtstange zum Aufspießen des Futters durchstecken zu können. Nicht zu große Löcher bohren, der Draht muss klemmen.

5. **Zusammengebaut wird** in einzelnen Schritten: zuerst die Dachplatten zusammenfügen und verleimen, dann das Dach und die Bodenplatte mittig auf die Wand setzen.

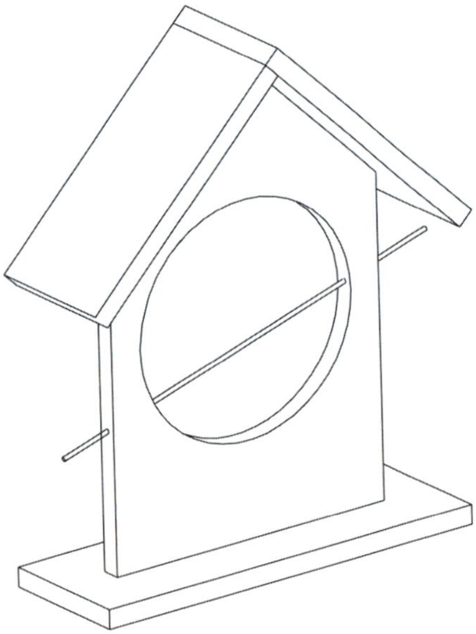

6. **Sie müssen** sich natürlich nicht an die Vorlage halten, sondern können statt der Katze ein anderes Motiv wählen oder die Platte nur mit Blumen gestalten. Zum Aufhängen mit Kordel oder Draht die Schrauböse im First eindrehen.

Futterdach national

Das ist für »national orientierte« Piepmätze, auch wenn sie nicht Fußball spielen, die richtige Umgebung. Hier ist ihnen der Tisch im Trockenen gedeckt!

MATERIAL

- Sperrholz 0,9 cm
- Quadratleiste 2 x 2 cm
- Holzdübel Buche geriffelt, Ø 8 mm, Zuschnitt 26 cm
- Schrauböse
- Kordel oder Draht
- Acryllack in Schwarz, Rot und Gelb (statt Gold)

Zuschnittplan Seite 65

SO WIRD'S GEMACHT

❶ **Zeichnen Sie** alle Holzteile nach Plan auf der Holzplatte so auf, dass möglichst wenig Abfall entsteht. Falls Sie mehrere Dächer planen, ist die Ausnutzung der Platte wegen der gleichen Formate besonders vorteilhaft.

❷ **Sägen Sie** die Teile nach Plan aus. Schleifen Sie die Kanten mit feinkörnigem Schleifpapier. Halten Sie alle Teile zuerst einmal »trocken« aneinander, um die Passgenauigkeit zu prüfen.

❸ **Leimen Sie** die Dachflügel zusammen, und stabilisieren Sie die Firstunterseite, indem Sie eine Quadratleiste im Winkel einleimen. Quadratleiste und Dachflügel zusätzlich mit kleinen Schrauben verbinden.

❹ **Erst jetzt** können Sie zum Durchstecken der Sitzstange entsprechende Löcher in die Dachflügel bohren. Reißen Sie seitengleich Bohrpunkte auf beiden Dachflügeln an (etwa wie im Foto). Stellen Sie das Dach auf eine feste, waagrechte Unterlage, und bohren Sie parallel zur Unterlage die Löcher zum Durchstecken der Sitzstange.

❺ **Streichen Sie** die Dachflügel in den vorgeschlagenen Farben Schwarz-Rot-Gelb. Da die Unterseiten der Dächer einsehbar sind, werden auch diese gestrichen. Sie können alles im gleichen Farbton machen oder, wie im Foto, die Unterseiten in Kontrastfarben bemalen.

❻ **Von unten** in die Quadratleiste den Schraubhaken zum Aufhängen der Futterknödel eindrehen, von oben zum Aufhängen des Flügeldachs die Schrauböse für Kordel oder Drahtschlaufe.

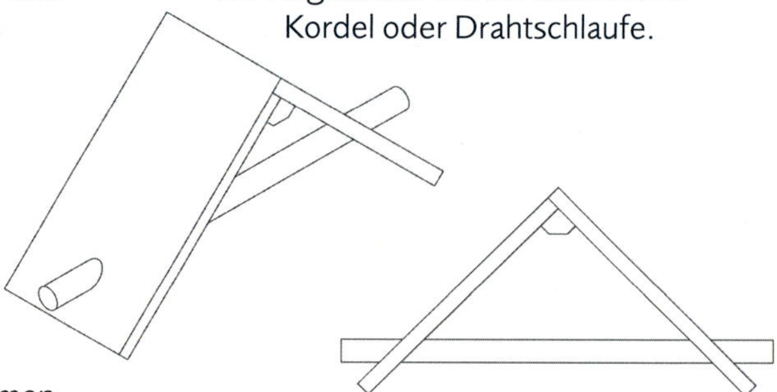

TIPP **Anderer Pass, andere Landesfarben: Sie können sich vom Farbvorschlag natürlich befreien und die eigenen National- oder Lieblingsfarben verwenden.**

Zwitscherkasten

Fröhliches Vogelgezwitscher ist vor allem im kargen, frostigen Winter Musik in unseren Ohren. Warum nicht mal selbst den Ton angeben, mit Noten auf dem Vogelhaus?

MATERIAL

- → Sperrholz 0,9 cm
- → Quadratleiste
- → Schrauben 3 x 30 mm
- → Drahtstifte 2 x 15 mm
- → Permanentmarker, schwarz
- → Acryllack in Schwarz und Weiß

Zuschnittplan Seite 74

SO WIRD'S GEMACHT

❶ **Zeichnen Sie** alle Holzteile nach Plan auf der Holzplatte so auf, dass möglichst wenig Abfall entsteht. Sägen Sie alle Teile nach Plan aus. Die Kanten mit feinkörnigem Schleifpapier schleifen.

❷ **Halten Sie** die Teile zuerst einmal »trocken« aneinander, um die Passgenauigkeit zu prüfen. Zusammengebaut wird wie im Folgenden beschrieben.

❸ **Beginnen Sie** den Leimvorgang mit den Seitenwänden, die Sie sorgfältig mit der Bodenplatte verbinden. Es folgen Vorder- und Rückwand, die auf den Seitenwänden gestoßen sitzen. Alle Teile auf der Bodenplatte durch kleine Nägel oder Schrauben sichern.

❹ **Leimen Sie** die Dachflügel zusammen, und stabilisieren Sie die Firstunterseite, indem Sie eine Quadratleiste im Winkel als Firstverstärkung einleimen. Quadratleiste und Dachflügel zusätzlich mit kleinen Schrauben verbinden. Das Dach auf die Giebelseiten aufleimen und gegebenenfalls durch Anschrauben oder Annageln sichern.

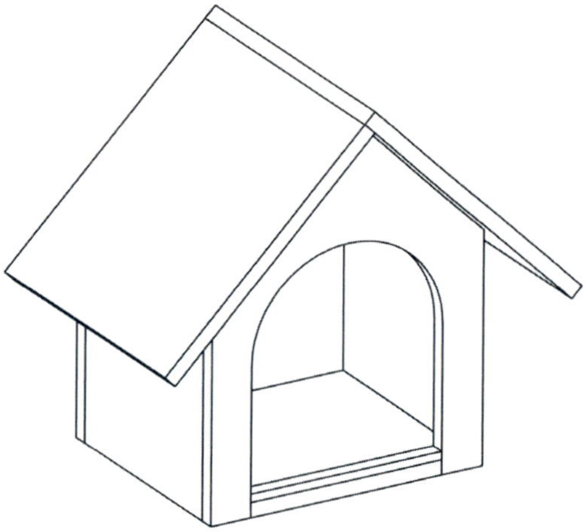

❺ **Die Bemalung**: Das Dach mit Acryllack schwarz streichen, das restliche Haus innen und außen weiß. Die hübsche Notenzeile ist einfach aufzumalen, am besten mit dem schwarzen Permanentmarker. Den Notenschlüssel üben Sie vor dem Schreiben auf dem Futterhäuschen am besten auf einem Blatt Papier. Musikfans haben da sicherlich keine Probleme.

❻ **Zum Aufhängen** in die Rückwand ein Loch bohren oder, zur Befestigung an einem Haken, eine Schrauböse eindrehen. Natürlich kann dieses Haus auch auf einen Pfosten gesetzt werden.

Dick und Doof

Das ist etwas für Freunde des guten, alten Stummfilms. Erinnern diese Kästen nicht an die fantastischen Zwei und die Zeit, als die Bilder laufen lernten?

MATERIAL

- Sperrholz 0,9 cm
- Quadratleiste 2 x 2 cm
- Holzpfähle, Ø 4 cm, in unterschiedlicher Länge
- Schrauben 3 x 30 mm
- Drahtstifte 2 x 15 mm
- Acryllack in Schwarz und Weiß

Zuschnittplan Seite 72 und 73

SO WIRD'S GEMACHT

❶ **Zeichnen Sie** alle Holzteile für beide Häuschen nach Plan auf der Holzplatte so auf, dass möglichst wenig Abfall entsteht.

❷ **Sägen Sie** die Teile nach Plan aus. Schleifen Sie die Kanten mit feinkörnigem Schleifpapier. Halten Sie die Teile zuerst einmal »trocken« aneinander, um die Passgenauigkeit zu prüfen. Zusammengebaut wird wie im Folgenden beschrieben.

❸ **Beginnen Sie** das Zusammenleimen mit den beiden Seitenwänden, die Sie mit der Bodenplatte sorgfältig verbinden. Es folgen Vorder- und Rückwand, die auf den Seitenwänden gestoßen sitzen.

❹ **Leimen Sie** die Dachflügel zusammen, und stabilisieren Sie die Firstunterseite, indem Sie ein Quadratholz im Winkel einleimen.

❺ **Die Bemalung**: Das Dach mit Acryllack schwarz streichen, das restliche Haus innen und außen in Weiß. Versuchen Sie, die beiden Gesichter nachzumalen. Für die Strichlinien nehmen Sie einen dünnen Permanentmarker oder Fineliner, die Flächen der Hüte werden mit schwarzem Acryllack gemalt.

TIPP Falls Sie überhaupt kein Maltalent haben, kleben Sie ein schönes Bild an die Stelle der Köpfe, das kann vom Lieblingsstar sein, aber auch von jemandem aus dem Familien- oder Freundeskreis. Weil das Bild der Witterung ausgesetzt ist, wird es länger halten, wenn es in der Serviettentechnik (Découpagetechnik, siehe auch Seite 7) aufgetragen wird.

Tankstelle

Auch ohne Zapfsäulen ist dieses Vogelhäuschen im Tankstellendesign ein echter Hingucker. Das Federvieh wird auch hier gern artgerechtes Futter »tanken«.

MATERIAL

- Sperrholz 0,9 cm
- Quadratleiste 35 x 35 mm
- Holzleisten 0,3 bis 0,5 x 2,0 cm für die Umrandung
- Schrauben 3 x 30 mm
- Drahtstifte 2 x 15 mm
- Dachpappe, alternativ Kunstrasen
- Silikon, zum Aufkleben der Dachdeckung
- Acrylfarbe in Weiß und Rot

Zuschnittplan Seite 69

SO WIRD'S GEMACHT

1. **Zeichnen Sie** alle Holzteile nach Plan auf der Holzplatte so auf, dass möglichst wenig Abfall entsteht. Sägen Sie die Teile nach Plan aus.

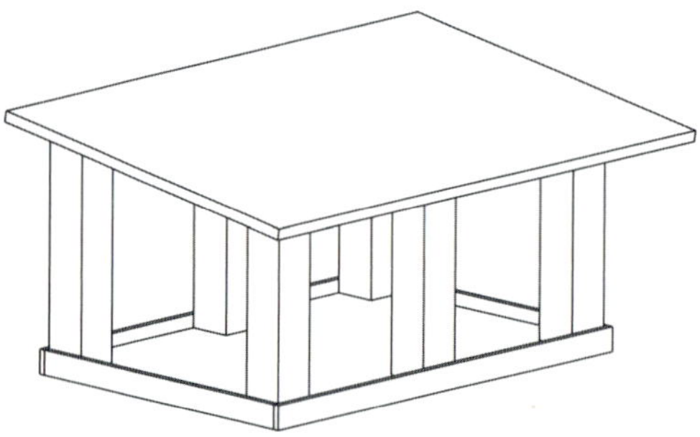

2. **Die Quadratleisten** werden zu Säulen, auf denen die Dachplatte aufgelegt wird. Möglichst einheitlich an einem Ende abschrägen. Falls nicht im gleichen Winkel abgeschrägt wird, liegt die Dachplatte schief auf und lässt sich schlecht befestigen.

3. **Halten Sie** die Teile zuerst einmal »trocken« aneinander, um die Passgenauigkeit zu prüfen. Die kurzen und die langen Säulen wie im Bild anordnen und die Dachplatte auflegen. Es entsteht ein Pultdach.

4. **Bereits jetzt** die Quadratleisten als Säulen wie im Foto in Weiß und Rot anmalen.

5. **Zusammengebaut wird** in einzelnen Schritten. Zuerst die Holzleisten als Umrandung anleimen und zusätzlich nageln oder schrauben.

6. **Die Säulen** in die Ecken und mittig an der Längsseite auf die Bodenplatte leimen. Zur Stabilisierung zusätzlich von unten durch die Bodenplatte anschrauben.

7. **Die Dachplatte** auf die Säulen schrauben. Auf gleichmäßigen Dachüberstand achten. Dann die Dachpappe oder den Kunstrasen zuschneiden und mit Silikon flächig aufkleben.

8. **Alternativ können Sie** die Bodenplatte der Tankstelle auf einen Vierkant- oder Rundholzpfosten montieren. Als Auflageplatte für die Bodenplatte ein kleines Holzquadrat aussägen, das auf dem Holzpfahl aufgeschraubt wird. Vier Schrauben, von unten in die kleine Platte eingedreht, halten die Tankstelle sicher auf dem Pfosten.

Vogel Tanke
... hier tanken Vögel auf!

Jausenstation

Zünftig geht's zu bei der Jause! Die Menschen laben sich dort an Weißwürsten mit Brezeln und trinken Weißbier dazu, den Vögeln sind die Körner sicherlich lieber.

MATERIAL

- Sperrholz 0,9 cm
- Quadratleiste 2,5 x 2,5 cm als Säulen
- Quadratleiste 2 x 2 cm als Firstverstärkung
- Holzleisten 0,3 bis 0,5 x 2,0 cm als Umrandung
- Schrauben 3 x 30 mm
- Pappdachnägel
- Drahtstifte 2 x 15 mm
- Rundkopfnägel
- Dickschichtlasur in Palisander

Zuschnittplan Seite 68

SO WIRD'S GEMACHT

❶ **Zeichnen Sie** alle Holzteile nach Plan auf der Holzplatte so auf, dass möglichst wenig Abfall entsteht. Sägen Sie die Teile nach Plan aus.

❷ **Die Quadratleisten** werden zu Säulen, auf denen die Dachplatten aufgelegt werden. Möglichst einheitlich an einem Ende abschrägen.

❸ **Halten Sie** die Teile zuerst einmal »trocken« aneinander, um die Passgenauigkeit zu prüfen. Zusammengebaut wird wie im Folgenden beschrieben.

❹ **Zuerst die beiden** Dachplatten verbinden. Verstärken Sie den First, indem Sie von innen eine Quadratleiste einleimen bzw. verschrauben. Aufgrund des stumpfen Dachwinkels müssen Sie die Leiste passgenau in den Winkel leimen.

❺ **Die Holzleisten** als Umrandung der Bodenplatte anleimen und anschrauben oder annageln. Die Quadratleisten als Pfeiler in die Ecken der Bodenplatte leimen. Zur Stabilisierung werden sie zusätzlich von unten durch die Bodenplatte angeschraubt.

❻ **Die Giebeldreiecke** an den Pfeilern aufleimen. Jetzt kann auch das Dach aufgelegt, verleimt und gegebenenfalls noch angenagelt oder festgeschraubt werden. Auf gleichmäßigen Dachüberstand achten.

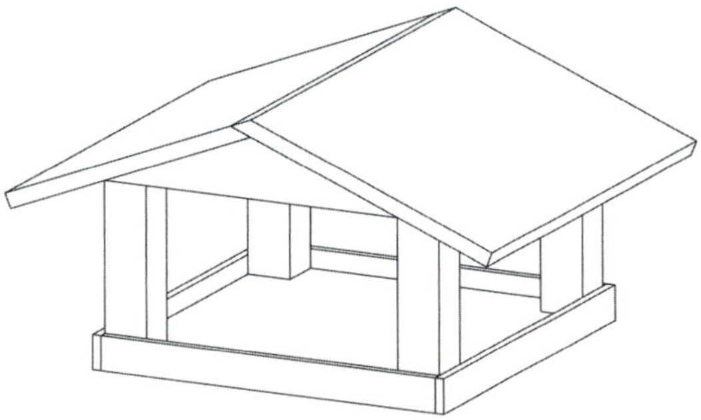

❼ **Die Dachpappe** flächig mit Silikon aufkleben. Wie im Foto schmale Leisten aufnageln und kleine Kieselsteine mit Kraftkleber aufkleben.

❽ **Die Station** einheitlich mit Dickschichtlasur in Palisander streichen.

Tempel

Nicht antik, doch ganz edel bietet sich diese Form des Gourmet-Tempels an. Eine Anregung zu stilvollem Ambiente auf der Terrasse oder im Garten.

MATERIAL

- Sperrholz 0,9 cm
- Quadratleiste 2 x 2 cm
- Holzleisten 0,2 x 2,0 cm
- Rundstäbe Ø 2 cm
- Schrauben 3 x 30 mm
- Drahtstifte 2 x 15 mm
- Acryllack in leichtem Beige, erdigem Braun und Gold
- Permanentmarker, schwarz

Zuschnittplan Seite 75

SO WIRD'S GEMACHT

1 **Zeichnen Sie** alle Holzteile nach Plan auf der Holzplatte so auf, dass möglichst wenig Abfall entsteht. Sägen Sie die Teile nach Plan aus. Rundholzstäbe als Säulen auf die geforderte Länge schneiden. Schleifen Sie alles mit feinkörnigem Schleifpapier. Danach die Säulen wie im Foto bemalen.

2 **Halten Sie** die Teile zuerst einmal »trocken« aneinander, um die Passgenauigkeit zu prüfen. Zusammengebaut wird in einzelnen Schritten wie folgt.

3 **Die Holzleisten** sorgfältig rund um die Bodenplatte anleimen.

4 **Die Rundholzstäbe** in den Ecken auf der Bodenplatte als Säulen aufleimen und von unten verschrauben. Die Dachbodenplatte auf den Säulen festschrauben.

5 **Leimen Sie** die Dachflügel zusammen. Die Auflageseite der Dachplatten muss im Winkel von 45 Grad angeschrägt werden. Stabilisieren Sie die Firstunterseite, indem Sie eine Quadratleiste im Winkel einleimen, etwas kürzer als das Dach, weil später beide Giebelelemente unters Dach geschoben werden, wo sie bündig abschließen.

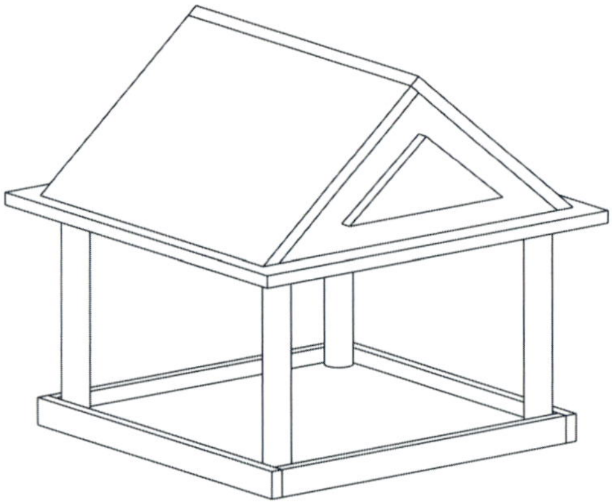

6 **Alle Giebelelemente** vor der Weiterverarbeitung dekorativ bemalen. Die kleinen Giebelelemente für die Vorder- und Rückseite auf die größeren Giebel aufleimen und dann diese Elemente so in die Dachflügel leimen, dass sie bündig abschließen.

7 **Das fertige Dachelement** mit den Giebeln auf dem Dachboden aufleimen. Zur Sicherung die Dachplatte mit kleinen Drahtstiften annageln.

8 **Eventuell** noch nicht bemalte Teile abschließend in Angriff nehmen.

Margerita

Einen Hauch Sommer verbreitet diese Margeritenwiese rund um das Haus auch zur strengen Winterszeit. Das farbkräftige Haus sieht auch im Schnee gut aus.

MATERIAL

- Sperrholz 0,9 cm
- Quadratleiste 2 x 2 cm
- Schrauben 3 x 30 mm
- Drahtstifte 2 x 15 mm
- Acryllack in verschiedenen Farben

Zuschnittplan Seite 67

SO WIRD'S GEMACHT

❶ **Zeichnen Sie** alle Holzteile nach Plan auf der Holzplatte so auf, dass möglichst wenig Abfall entsteht. Sägen Sie die Teile nach Plan aus. Schleifen Sie die Kanten mit feinkörnigem Schleifpapier.

❷ **Halten Sie** die Teile zuerst einmal »trocken« aneinander, um die Passgenauigkeit zu prüfen. Zusammengebaut wird in einzelnen Schritten. Bodenplatte, Innenwände und Dach müssen Sie bereits zuvor streichen, weil es später kaum noch möglich ist. Die Bodenplatte zusätzlich mit farbloser Dickschichtlasur streichen.

❸ **Beginnen Sie** das Zusammenleimen mit den Seitenwänden, die Sie mit der Bodenplatte sorgfältig verbinden. Es folgen Rück- und Vorderwand, die auf den Seitenwänden aufsitzen. Alle Teile auf der Bodenplatte durch kleine Nägel oder Schrauben sichern.

❹ **Auf der Giebelvorderwand** wird aus gestalterischen Gründen eine obere Vorderwand mit einer kreisrunden Öffnung aufgesetzt. Die Öffnung ist auf der großen Vorderwand gelb unterlegt, sodass eine 3-D-Wirkung entsteht. Eine andere Möglichkeit wäre, eine kleine runde Scheibe auszusägen (Durchmesser nach Belieben, siehe Foto), gelb zu bemalen und als Blütenmitte auf die obere Vorderwand zu kleben. Wählen Sie die Variante, die Ihnen besser gefällt.

❺ **Die Dachplatten** zusammenfügen und verleimen. Aufgrund des spitzen Winkels muss die unten liegende Dachplatte an der Stoßkante im passenden Winkel mit dem Schleifblock abgeschliffen werden. Auch die Quadratleiste, die zur Verstärkung des Firsts von unten eingeleimt wird, muss für den richtigen Winkel passgenau auf einer Seite abgeschliffen werden. Die verstärkten Dachflügel auf die Giebelseiten aufleimen und durch Verschrauben oder Nageln sichern.

❻ **Mit Acryllack** – falls noch nicht geschehen – wenigstens den einsehbaren Bereich des Hauses innen und das Äußere wie im Foto oder nach Belieben bemalen.

Karussell

Auf den ersten Blick sieht dieser Futterplatz wie ein Kettenkarussell aus. Eine Spielerei für Vögel und gleichzeitig ein farbenfroher Hingucker im Garten.

MATERIAL

- 1 Rundpfahl 160 cm lang, Ø 8 bis 10 cm
- Sperrholz 0,9 cm für die runde, bunte Holzscheibe
- Holzkugel, Ø 3 bis 4 cm, als oberer Abschluss
- Holzkugeln, Ø 1,5 cm, zur Halterung in den Eimerchen
- Deko-Zinkeimerchen, Anzahl nach Belieben
- Deko-Kette aus Metall, 300 cm lang
- Bindedraht, ummantelt
- Schraubösen
- Holzschraube, groß
- Acryllack in Weiß, Rot und Blau

SO WIRD'S GEMACHT

1 **Eine runde Platte** mit einem Durchmesser von etwa 45 Zentimetern aussägen. Da Sie einen Zirkel dieser Größe nicht zur Hand haben, behelfen Sie sich vielleicht mit dem Deckel eines Kübels oder eines Einmachtopfes. Sie können sich aber leicht einen Schnurzirkel bauen: In die Platte einen Nagel schlagen, eine Schnur mit zwei Schlaufen herstellen – eine um den Nagel legen, die andere um einen Stift –, sodass 23 Zentimeter als Radius bleiben. Den Stift bei gespannter Schnur um den Nagel ziehen. So erhalten Sie die runde Scheibe.

2 **Den Kreis** in zwölf gleiche Felder aufteilen und abwechselnd mit Acryllack in den drei Farben bemalen; die Kugel wird weiß gestrichen.

3 **Die Deko-Kette** auf unterschiedliche Längen teilen. Das Endglied von jeweils zwei Ketten wird zusammen über den Stift einer Schrauböse gesteckt, die dann in die Plattenunterseite eingedreht wird.

4 **Durchbohren Sie** den Boden eines der kleinen Eimerchen. Zum Aufhängen von Eimerchen und Meisenknödel nehmen Sie ein Stück dickeren Bindedraht und machen etwa in die Mitte des Drahts einen Knoten. An einem Ende des Drahts biegen Sie einen Haken, daran kommt der Knödel. Vom anderen Ende her schieben Sie eine kleine Holzperle auf, die am Knoten hängen bleiben muss. Von der Innenseite des Eimerchens aus wird das freie Drahtende durch den Boden nach außen geführt. Das Eimerchen bleibt an der Kugel hängen, das Drahtende wird zu einem Haken gebogen und in die Kette eingehängt.

5 **Der Rundstab** wird oben angeschrägt und die runde Platte in ihrer Mitte (siehe Schritt 1) zusammen mit der abschließenden Kugel angeschraubt.

TIPP Für diesen Futterplatz können Sie nicht nur dekorative, sondern auch von den Vögeln begehrte Futterketten wie im Foto selbst zusammenstellen.

Regenbogenhaus

Gleich zwei Ebenen laden die Vögel zum Futtern ein. Sowohl im tristen Grau als auch vor einer blendend weißen Winterkulisse ist das Regenbogenhaus eine echte Augenweide.

MATERIAL

- Sperrholz 0,9 cm
- Quadratleiste 2 x 2 cm
- Schrauben 3 x 30 mm
- Drahtstifte 2 x 15 mm
- Acryllack in den Regenbogenfarben

Zuschnittplan Seite 66

SO WIRD'S GEMACHT

1 **Zeichnen Sie** alle Holzteile nach Plan auf der Holzplatte so auf, dass möglichst wenig Abfall entsteht. Sägen Sie die Teile nach Plan aus. Schleifen Sie die Kanten mit feinkörnigem Schleifpapier.

2 **Halten Sie** die Teile zuerst einmal »trocken« aneinander, um die Passgenauigkeit zu prüfen. Zusammengebaut wird in einzelnen Schritten wie im Folgenden beschrieben. Zuvor streichen Sie die Innenwände in einem freundlichen Gelbton, weil sie später schwer zu erreichen sind.

3 **Beginnen Sie** damit, die Rück- und die Vorderwand am unteren Boden anzuleimen bzw. anzunageln, dann setzen Sie beide Seitenwände dazwischen.

4 **Aufgrund der** konischen, also unten enger werdenden Form, wird kein seitliches Auflagebrett für den oberen Boden benötigt. Er wird einfach von oben her eingelegt und klemmt sich fest.

5 **Leimen Sie** die beiden Dachflügel zusammen, und stabilisieren Sie die Firstunterseite, indem Sie eine Quadratleiste im Winkel einleimen. Quadratleiste und Dachflügel zusätzlich mit kleinen Schrauben verbinden. Das fertige Dachelement auf die Giebelseiten aufleimen und mit Schraube oder Nagel verstärken.

6 **Abschließend** in die Rückwand ein Loch zum Aufhängen bohren und das ganze Haus mit Acryllack in den Regenbogenfarben wie im Foto bemalen.

TIPP Die Farben wässrig auftragen, damit weiche Übergänge wie bei einem richtigen Regenbogen entstehen.

Oase

Strandkorb-Gefühl vermittelt diese Futteroase. Ob die Piepmätzchen sich an die Strandbude im letzten Sommer erinnern können, wo es immer so viele Essenskrümel gab?

MATERIAL

- Sperrholz 0,9 cm
- Quadratleiste 2 x 2 cm
- Schrauben 3 x 30 mm
- Rundkopf- oder kleine Polsternägel
- Acryllack in Weiß, Braun und Grün
- Wachstuch oder Markisenstoff, weiß-gelb gestreift

Zuschnittplan Seite 74

SO WIRD'S GEMACHT

1 Zeichnen Sie alle Holzteile nach Plan auf der Holzplatte so auf, dass möglichst wenig Abfall entsteht. Sägen Sie die Teile nach Plan aus. Schleifen Sie die Kanten mit feinkörnigem Schleifpapier.

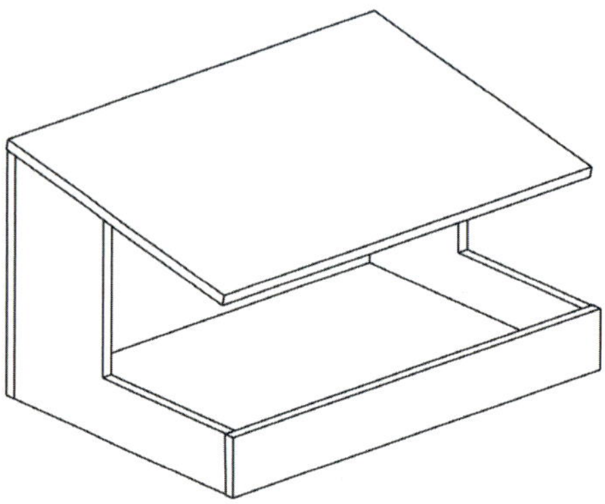

2 Halten Sie die Teile zuerst einmal »trocken« aneinander, um die Passgenauigkeit zu prüfen. Zusammengebaut wird wie im Folgenden beschrieben.

3 Zuerst die Rückwand und die beiden Seitenwände seitlich an der Bodenplatte anleimen, die niedrige Vorderwand ebenfalls an die Bodenplatte und auf die Seitenwände.

4 Um eine Auflage für das nach vorn auskragende Dach zu haben, wird an der Rückwand oben von innen eine Quadratleiste angeleimt und verschraubt. Die Leiste wird im gleichen Winkel wie die Seitenwand abgeschrägt.

5 Das Wachs- oder Markisentuch wird so bemessen, dass es hinten und seitlich weit über die Dachplatte reicht, denn es soll über die Seitenkante gezogen und dort mit Rundkopfnägeln angenagelt werden. Nach vorn wird das Tuch so beschnitten, dass es lose bis zur Vorderwand hängen könnte. Es wird aber, wie hinten und an der Seite, an die Kante genagelt, doch der herunterhängende Teil wird zurückgerollt, sodass die Nagelkante vom Tuch verdeckt ist. Gehalten wird das Ganze mit Schnürchen auf beiden Seiten, befestigt an zwei Nägeln.

6 Die so bespannte Dachplatte wird auf die Seitenwände und die Rückwand bzw. die abgeschrägte Quadratleiste bündig aufgeleimt und ebenfalls mit Rundkopfnägeln verstärkt.

7 Abschließend mit Acryllack in Weiß grundieren. Auf die niedrige Vorderwand ein Fries mit Palmen wie im Foto oder andere Strandmotive malen.

Fachwerkhaus

Vogelhäuser in der Optik eines Fachwerkhauses wirken besonders gemütlich. Mit viel Liebe zum Detail bei der Bemalung wird das Resultat zum Augenschmaus.

MATERIAL

- Sperrholz 0,9 cm
- Quadratleiste 2 x 2 cm für den First
- Quadratleiste 1,5 x 1,5 cm für die Säulen
- Schrauben
- Schrauböse
- Rundholzdübel, Ø 8 mm, 6 cm lang, als Sitzstange
- Aludübel, Ø 6 mm, als Dacharretierung
- Dachpappe
- Acryllack in verschiedenen Farbtönen
- Dickschichtlasur

Zuschnittplan Seite 86

SO WIRD'S GEMACHT

❶ **Zeichnen Sie** alle Holzteile nach Plan auf der Holzplatte auf. Sägen Sie alle Teile nach Plan aus. Schleifen Sie die Kanten mit feinkörnigem Schleifpapier.

❷ **Halten Sie** die Teile zuerst einmal »trocken« aneinander, um die Passgenauigkeit zu prüfen. Beginnen Sie mit dem Anleimen der Rückwand und der Seitenwände an die Bodenplatte, dann erst die untere Vorderwand zwischen die Seitenwände setzen.

❸ **Jetzt können** die drei Säulen aus der Quadratleiste von 1,5 Zentimetern genau eingepasst werden. Auch die obere Vorderwand kann jetzt zwischen die Seitenwände und an die Säulen geleimt werden, die hier aber keine tragende Funktion haben.

❹ **Leimen Sie** die Dachflügel zusammen. Stabilisieren Sie die Firstunterseite, indem Sie eine Quadratleiste von 2 Zentimetern über die ganze Dachlänge im Winkel einleimen. Quadratleiste und Dachflügel zusätzlich mit Schrauben verbinden. Die Dachpappe flächig mit Silikon aufkleben.

❺ **Die Befestigung** des Dachs nehmen Sie vor wie bei der Bauernkate, Seite 44, Schritt 5.

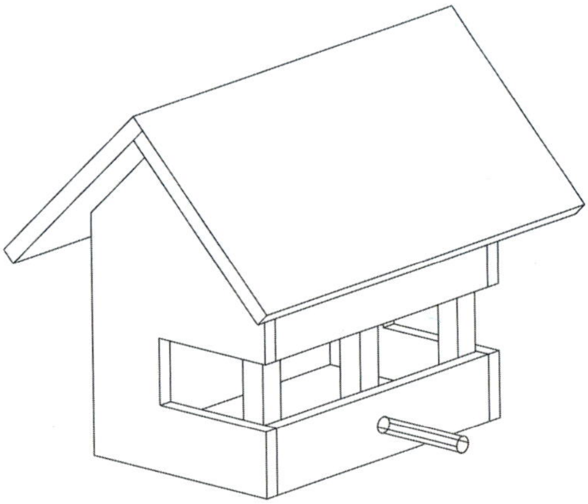

❻ **Das gesamte Haus** wird in Weiß grundiert, die Dekorelemente aufgemalt.

❼ **Zum Einleimen** der Sitzstange durch Vorderwand und Säule ein Loch von 8 Millimetern Durchmesser bohren. Zum Aufhängen eine Schrauböse auf dem First eindrehen.

Jagdhütte

Hier ist kein Jägerlatein gefragt, sondern nur gutes Futter. Dieses Häuschen passt perfekt in einen Garten mit vielen Bäumen hinterm Haus.

MATERIAL

- Sperrholz 0,9 cm
- Quadratleiste 1,5 x 1,5 cm für die Säulen
- Quadratleiste 2 x 2 cm als Firstverstärkung
- Holzleisten 0,3 bis 0,5 x 2,0 cm für die Umrandung
- Schrauben 3 x 30 mm
- Drahtstifte 2 x 15 mm
- Kunstrasen zur Dachdeckung
- Silikon zum Verkleben
- Dickschichtlasur in Palisander

Zuschnittplan Seite 76

SO WIRD'S GEMACHT

❶ **Zeichnen Sie** alle Holzteile nach Plan auf der Holzplatte so auf, dass möglichst wenig Abfall entsteht. Sägen Sie alle Teile nach Plan aus. Richten Sie die Quadratleisten her. Sie sind nicht abgeschrägt, da sie hier nur eine gestalterische, keine das Dach tragende Funktion haben. Zusammengebaut wird wie im Folgenden beschrieben.

❷ **Beginnen Sie** mit der Umrandung der Bodenplatte. Zuerst die seitlichen Holzleisten anleimen, dann die von Vorder- und Rückseite.

❸ **Die drei Säulen** aus der Quadratleiste mit 1,5 Zentimetern einsetzen, anleimen und von unten verschrauben. Beide Seitenwände auf die Bodenplatte setzen und mit den äußeren Säulen und der Umrandung durch Leimen verbinden. Die Rückwand zwischen die Seitenwände setzen.

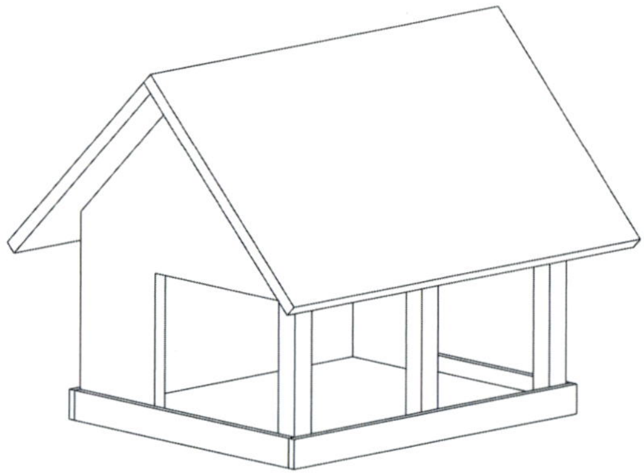

❹ **Leimen Sie** die Dachflügel zusammen, und stabilisieren Sie die Firstunterseite, indem Sie ein Quadratholz von 2 Zentimetern über die ganze Dachlänge im Winkel einleimen. Quadratleiste und Dachflügel zusätzlich mit kleinen Schrauben verbinden.

❺ **Das Dach** auf den Giebelseiten mittig aufleimen und durch Verschrauben oder Nageln sichern. Den Kunstrasen mit flächig aufgetragenem Silikon in einem Stück über den Dachfirst hinweg verkleben.

❻ **Die ganze Hütte** einheitlich mit einer Dickschichtlasur im Farbton Palisander mehrmals mit einem Borstenpinsel streichen. Für ein katzensicheres Aufhängen eine Schrauböse in den Dachfirst eindrehen.

Bauernkate

Eine kuschelige Bauernstube, die das Vogelfutter vor Wind und Wetter schützt, lädt zum Schmausen ein. Es fehlen nur noch Eckbank und Tisch, und man könnte sich dazusetzen.

MATERIAL

- Sperrholz 0,9 cm
- Quadratleiste 2 x 2 cm als Firstverstärkung
- Schrauben
- Schrauböse
- Aludübel, Ø 6 mm
- Rundkopfnägel
- Dachpappe
- Acryllack in Weiß als Grundierung
- Acryllack in verschiedenen Farbtönen für die Bemalung

Zuschnittplan Seite 77

SO WIRD'S GEMACHT

1 **Zeichnen Sie** alle Holzteile nach Plan auf der Holzplatte so auf, dass möglichst wenig Abfall entsteht. Sägen Sie die Teile nach Plan aus. Schleifen Sie die Kanten mit feinkörnigem Schleifpapier.

2 **Halten Sie** die Teile zuerst einmal »trocken« aneinander, um die Passgenauigkeit zu prüfen. Zusammengebaut wird wie im Folgenden beschrieben.

3 **Zuerst die Rückwand** und die beiden Seitenwände seitlich an der Bodenplatte anleimen, dann die beiden seitlichen Vorderwandteile und zuletzt die niedrige Vorderwand.

4 **Leimen Sie** die Dachflügel zusammen, und stabilisieren Sie die Firstunterseite, indem Sie eine Quadratleiste über die ganze Dachlänge im Winkel einleimen. Quadratleiste und Dachflügel zusätzlich mit kleinen Schrauben verbinden. Die Dachpappe mit flächig aufgetragenem Silikon verkleben und mit Rundkopfnägeln sichern.

5 **Setzen Sie** das Dachelement auf. Mit einem Bohrer, Durchmesser 6 Millimeter, durchbohren Sie die Giebelwand auf beiden Seiten an der Spitze bis in die Stirnseite der stabilisierenden Quadratleiste (im Zuschnittplan rot gezeichnet). Vom Aludübel, Durchmesser 6 Millimeter, sägen Sie entsprechend der Bohrung Stücke ab, die von außen als Arretierung durch die Giebelwand in die Quadratleiste gesteckt werden und zum Greifen mindestens noch 1 Zentimeter aus der Giebelwand ragen müssen. Das Dach kann so zur Innenreinigung abgenommen werden.

6 **Abschließend** die gesamte Kate in Beige grundieren. Nach dem Trocknen die Dekorbemalung mit den Blumen wie im Foto vornehmen.

Cottage

An die viktorianische Epoche in England erinnert dieses Cottage. Es ist einfacher zu bauen, als es auf den ersten Blick scheint.

MATERIAL

- Sperrholz 0,9 cm
- Quadratleiste 2 x 2 cm als Firstverstärkung
- Rundstab geriffelt, Ø 2 cm
- Schrauben
- Schrauböse
- Rundkopfnägel
- Dachpappe
- Acryllack in Weiß und Dunkelgrün, Grundierung für innen und außen
- Acryllack in verschiedenen Farbtönen für die Bemalung

Zuschnittplan Seite 78

SO WIRD'S GEMACHT

❶ **Zeichnen Sie** alle Holzteile nach Plan auf der Holzplatte so auf, dass möglichst wenig Abfall entsteht. Sägen Sie alle Teile nach Plan aus. Schleifen Sie die Kanten mit feinkörnigem Schleifpapier.

❷ **Halten Sie** die Teile zuerst einmal »trocken« aneinander, um die Passgenauigkeit zu prüfen. Zusammengebaut wird wie im Folgenden beschrieben.

❸ **Zuerst die Rückwand** und die beiden Seitenwände seitlich an der Bodenplatte anleimen, die niedrige Vorderwand (Randbrett) ebenfalls. Dahinter, zwischen die Seitenwände, wird die u-förmige Vorderwand gesetzt und verleimt.

❹ **Die Rundstäbe** als Säulen auf die Bodenplatte in die vorderen Ecken leimen und anschrauben. Jetzt kann die als Vordach bezeichnete Platte unter die Seitenwände vorne und auf die Säulen geleimt werden.

❺ **Leimen Sie** die Dachflügel zusammen, und stabilisieren Sie die Firstunterseite, indem Sie ein Quadratholz über die ganze Dachlänge im Winkel einleimen. Quadratleiste und Dachflügel zusätzlich mit kleinen Schrauben verbinden. Die Dachpappe mit flächig aufgetragenem Silikon verkleben und mit Rundkopfnägeln sichern.

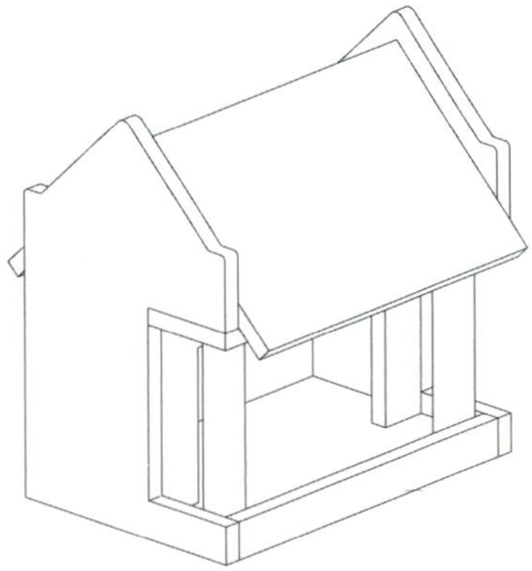

❻ **Das Dach** zwischen die Seitenwände auf die Rückwand und das Vordach auflegen und anleimen. Zum Aufhängen mittig in den First eine Schrauböse eindrehen.

❼ **Den Innenraum** mit dunkelgrünem, außen mit weißem Acryllack streichen. Den Giebel farblich absetzen und Blumenschmuck wie im Foto aufmalen.

Rakete und Weltall

Rakete und Weltall begeistern die Fans von Raumfahrt und Science-Fiction. Die Vögel heben eher ab, wenn sie in den Häusern gutes Futter finden.

MATERIAL

- Sperrholz 0,9 cm
- Quadratleiste 2 x 2 cm als Firstverstärkung
- Schrauben 3 x 30 mm
- Drahtstifte 2 x 15 mm
- Spraylack mit Graniteffekt
- Acryl-Künstlerfarbe Silber
- Acryllack in Dunkelblau

Zuschnittplan Seite 79 und 80

SO WIRD'S GEMACHT

❶ bis ❷ **Diese Anleitung** gilt für beide Futterhäuser. Beginnen Sie die Arbeiten wie bei Dick und Doof, Seite 24, Schritte 1 bis 2.

❸ **Beginnen Sie** das Zusammenleimen mit den Seitenwänden, die Sie mit der Bodenplatte sorgfältig verbinden. Es folgen Vorder- und Rückwand. In die Türöffnung der Weltallhütte wird noch eine Abschlussleiste gesetzt.

❹ **Leimen Sie** die Dachflügel zusammen, und stabilisieren Sie die Firstunterseite, indem Sie eine Quadratleiste über die ganze Dachlänge im Winkel einleimen. Quadratleiste und Dachflügel zusätzlich mit kleinen Schrauben verbinden.

So geht's weiter mit dem Haus Weltall:
❺ **Auf das Dach** Spraylack mit Graniteffekt aufsprühen, auch auf dessen überstehende Unterseite. Wände innen und außen mit dunkelblauem Acryllack streichen und in hellem Blau die Himmelskörper aufmalen.

So geht's weiter mit dem Haus Rakete:
❺ **Die Kanten** des Dachs zuerst mit dem Spraylack mit Graniteffekt einsprühen, die Dachfläche dunkelblau streichen.

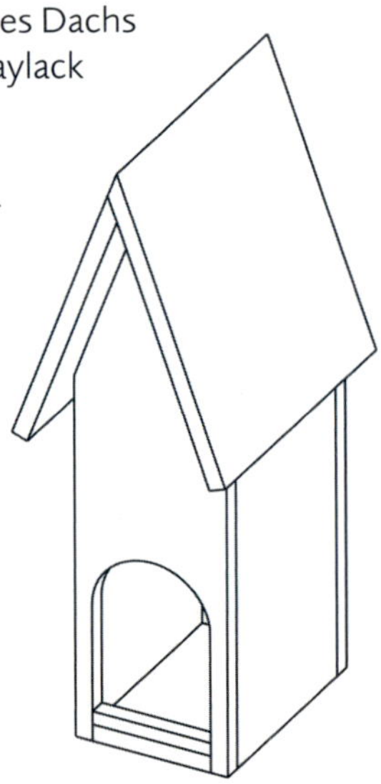

Das ganze Haus innen und außen mit dem Spraylack abdecken, anschließend die Dekorelemente in Silber und Blau aufmalen.

❻ **Das fertige Dachelement** aufsetzen, verleimen und durch Verschrauben oder Nageln sichern. Zum Aufhängen an der Wand in die Rückseite ein Loch bohren.

Futtersilo

Das Futtersilo, das Nonplusultra der Vogelfütterung, ist eine hygienisch einwandfreie Angelegenheit und bietet für längere Zeit ausreichend Futter ohne tägliches Nachfüllen.

MATERIAL

- Sperrholz 0,9 cm
- Quadratleiste 2 x 2 x 16 cm, als Dachbalken
- Rechteckleiste 2 x 3 x 3 cm als Teil des Stoppers für die Futterrutsche
- Dachpappe
- Aludübel, Ø 6 mm
- Runddübel geriffelt, Ø 2 cm als Sitzstange
- Dachpappenstifte
- Schrauben
- Klarlack
- Acryllack in Tannengrün als Grundierung, zur Bemalung verschiedene Töne

Zuschnittplan Seite 70 und 71

SO WIRD'S GEMACHT

1. **Beginnen Sie** die Vorarbeiten wie beim Futterturm, Seite 56, Schritt 1.

2. **Zur besseren Sauberhaltung** die Innenwände und die Futterrutsche auf der Rutschseite mit Klarlack, möglichst ebenmäßig, streichen, damit das Futter nicht am Holz hängen bleibt, sondern gut nachrutscht.

3. **Zusammengebaut wird** in einzelnen Schritten wie folgt: Die Seitenwände an die kleine Bodenplatte, die Rückwand zwischen die Seitenwände. Es folgen die im Silo zurückgesetzte, niedrige Vorderwand und die Sitzstange, die angeschraubt wird.

4. **Für die lose** und schräg aufliegende Futterrutsche einen »Auflagestuhl« zusammenleimen aus einem 0,9 x 3 x 6 Zentimeter hochkant gestellten Brettchen als »Rückenlehne« und einer »Sitzfläche« aus der dicken Rechteckleiste, die ebenfalls hochkant vor die »Rückenlehne« geleimt wird. Dieser »Auflagestuhl« wird mittig zwischen die Seitenwände platziert. Im Winkel zwischen »Rückenlehne« und »Sitzfläche« findet die Futterrutsche Halt (siehe 3-D-Zeichnung und Schnittzeichnung).

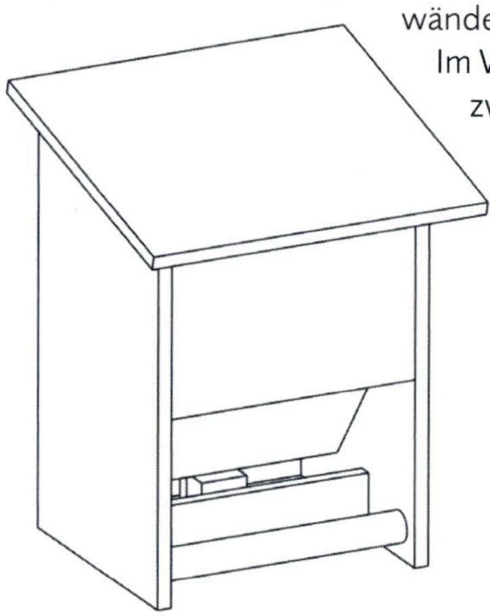

5. **Die Vorderwand** oben einsetzen. An die Unterseite der Dachplatte mittig die Quadratleiste als Dachbalken befestigen. Die Dachpappe flächig mit Silikon verkleben und mit Dachpappenstiften zusätzlich fixieren.

6. **Die Befestigung** des Dachs nehmen Sie vor wie bei der Bauernkate, Seite 44, Schritt 5.

7. **Die Außenwände** tannengrün streichen, eventuell zweifach. Versuchen Sie z. B., das Vogelmotiv nachzumalen.

Casetta

Einen Hauch von Wärme, mitten im kalten Winter, strahlt dieses Haus aus. Es ist in den typischen Farben Liguriens bemalt. Vielleicht erinnert es auch Sie an schöne Ferien.

MATERIAL

- Sperrholz 0,9 cm
- Quadratleiste 1,5 x 1,5 cm als Säulen
- Quadratleiste 2 x 2 cm als Firstverstärkung
- Aludübel, Ø 6 mm
- Schrauböse
- Schrauben
- Drahtstifte
- Rundkopfnägel
- Dachpappe
- Acryllack in Terrakotta, Ocker, Creme, Tannengrün
- Permanentmarker, schwarz

Zuschnittplan Seite 81

SO WIRD'S GEMACHT

1. **Zeichnen Sie** alle Holzteile nach Plan auf der Holzplatte so auf, dass möglichst wenig Abfall entsteht. Sägen Sie die Teile nach Plan aus. Schleifen Sie die Kanten mit feinkörnigem Schleifpapier.

2. **Halten Sie** die Teile zuerst einmal »trocken« aneinander, um die Passgenauigkeit zu prüfen. Zusammengebaut wird wie im Folgenden beschrieben.

3. **Zuerst die** Rückwand und dann die beiden Seitenwände seitlich an der Bodenplatte anleimen, die niedrige Vorderwand ebenfalls an der Bodenplatte und an die Seitenwände.

4. **Jetzt können** die drei Säulen aus der Quadratleiste mit 1,5 Zentimetern genau eingepasst werden. Sie werden von unten mit der Bodenplatte verschraubt. Die obere Vorderwand wird zwischen die Seitenwände und an die Säulen geleimt.

5. **Leimen Sie** die Dachflügel so zusammen, wie bei der Bauernkate auf Seite 44 in Schritt 4 beschrieben.

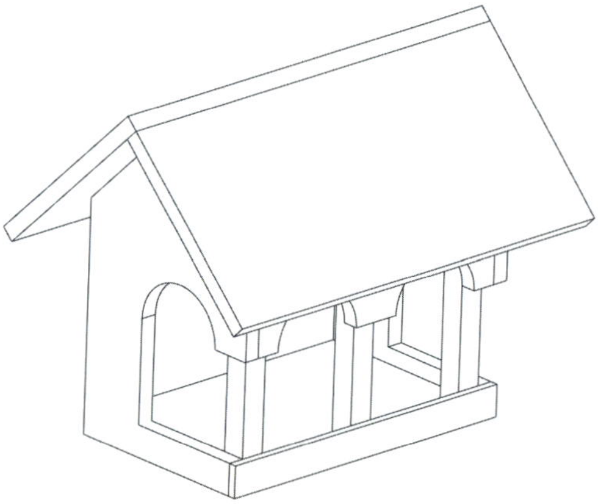

6. **Die Befestigung** des Dachs nehmen Sie vor wie bei der Bauernkate, Seite 44, Schritt 5.

7. **Das Haus** wie im Foto mit Acryllack streichen: innen tannengrün, außen in Terrakotta. Verzierungen aufmalen. Zum Aufhängen mittig im First die Schrauböse eindrehen.

TIPP Casetta sieht auch in einer ockergelben Grundfarbe sehr schick aus.

Bonbonhaus

Warum nicht einen echten Farbfleck setzen? Bunt bemalt sieht das Futterhaus aus wie einstmals die Bonbongläser im Tante-Emma-Laden.

MATERIAL

- Sperrholz 0,9 cm
- Quadratleisten 1 x 1 cm als Randleisten und Auflage für die oberen Böden
- Quadratleiste 2 x 2 cm als Firstverstärkung
- Schrauben 3 x 30 mm
- Drahtstifte 1 x 15 mm
- Acryllack in vielen Farben

Zuschnittplan Seite 82

SO WIRD'S GEMACHT

1. **Zeichnen Sie** alle Holzteile nach Plan auf der Holzplatte so auf, dass möglichst wenig Abfall entsteht. Sägen Sie die Teile nach Plan aus. Schleifen Sie die Kanten mit feinkörnigem Schleifpapier. Halten Sie die Teile zuerst einmal »trocken« aneinander, um die Passgenauigkeit zu prüfen.

2. **Zusammengebaut wird** wie im Folgenden beschrieben: Quadratleisten von 1 x 1 Zentimeter als innere Randleiste auf den untersten Einlegeboden 1 schrauben. Dieser hält vorn das Futter zurück. Rück- und Vorderwand an diesem Einlegeboden und der inneren Randleiste anleimen oder annageln.

3. **Auf der Vorder-** und Rückwand innen die Quadratleisten von 1 x 1 Zentimeter als Auflage für die Einlegeböden 2 und 3 in einer solchen Position anleimen und verschrauben, dass die Oberseiten der Einlegeböden mit den Unterkanten der Öffnungen bündig sind. Quadratleisten von 1 x 1 Zentimeter an die Vorderkante dieser Böden leimen, um das Futter vorn zurückzuhalten.

4. **Beide Seitenteile** am Boden 1 und mit Rück- und Vorderwand verbinden und verleimen. Zuerst Boden 2, dann Boden 3 einlegen und ebenfalls mit anleimen.

5. **Leimen Sie** die Dachflügel zusammen, und stabilisieren Sie die Firstunterseite, indem Sie eine Quadratleiste von 2 Zentimetern über die ganze Dachlänge im Winkel einleimen. Quadratleiste und Dachflügel mit kleinen Schrauben verbinden. Das Dachelement auf die Giebelseiten aufleimen und durch Verschrauben oder Nageln sichern. Die Dachpappe bündig zuschneiden, mit flächig aufgetragenem Silikon verkleben.

6. **Mit Acryllack** im Innern rot oder orange und außen tannengrün streichen. Knallbunt, in vielen Farben und Formen, die Vorderfront wie im Foto bemalen.

Futterturm

Ein Turm zum »Fensterln«. Seine Fensterläden sind weit geöffnet und bieten Verpflegung für eine starke Vogeltruppe, damit alle den Winter gut überstehen.

MATERIAL

- Sperrholz 0,9 cm
- Quadratleisten 1 x 1 cm als Auflage für die Einlegeböden
- Dachpappe
- Dachpappenstifte
- Schrauben
- Acryllack in verschiedenen Farben
- Permanentmarker, schwarz
- Dickschichtlasur farblos für die Front und in Eiche für die anderen Seiten

Zuschnittplan Seite 87

SO WIRD'S GEMACHT

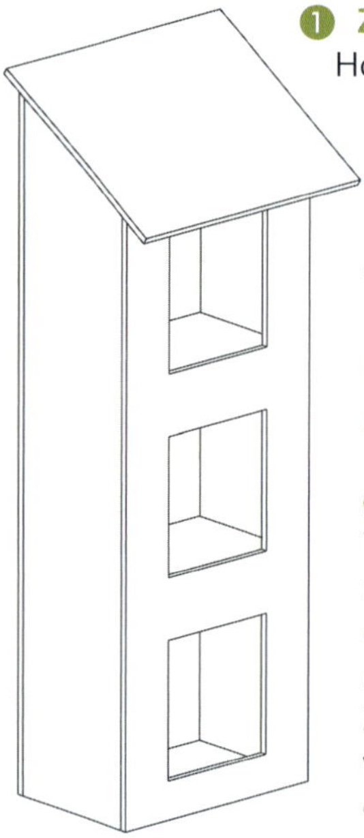

1 **Zeichnen Sie** alle Holzteile nach Plan auf der Holzplatte so auf, dass möglichst wenig Abfall entsteht. Sägen Sie alle Teile nach Plan aus. Schleifen Sie die Kanten mit feinkörnigem Schleifpapier.

2 **Halten Sie** die Teile zuerst einmal »trocken« aneinander, um die Passgenauigkeit zu prüfen. Zusammengebaut wird wie im Folgenden beschrieben.

3 **Auf die Innenseiten** von Vorder- und Rückwand Quadratleisten als Auflage für die drei Böden aufleimen und anschrauben, jeweils 1 Zentimeter unterhalb der Fensteröffnung, damit das Futter nicht herausfällt.

4 **Vorder- und Rückwand** aufrichten, die Einlegeböden aufleimen und von außen mit Schrauben sichern. Die Seitenwände zwischen Vorder- und Rückwand einpassen.

5 **Die Dachplatte** aufleimen und annageln. Die Dachpappe in Schindelwellen mit seitlicher Zugabe zuschneiden, damit sie über die seitliche Dachkante läuft. Mit Silikon flächig aufkleben. Zusätzlich mit Dachpappenstiften – auf dem Dach unter dem gewellten Teil verdeckt, an der hinteren und den seitlichen Kanten sichtbar – festnageln.

6 **Das Innere** des Hauses zur besseren Sauberhaltung am besten zweimal farblos lackieren. Die Vorderfront mit Dickschichtlasur farblos, die restlichen Außenwände im Farbton Eiche überziehen. Die Bemalung wie im Foto nachvollziehen.

TIPP

Die Bemaßung des Futterturms beruht auf dem Bauen mit Sperrholz der Dicke 0,9 Zentimeter. Preiswert arbeiten Sie mit Profilholz, wie im Foto. Dann müssen Sie die Maße aufgrund des dickeren Holzes anpassen.

Schwedenhaus

Erinnerung an einen Urlaub in Skandinavien weckt dieses Futterhaus in den Nationalfarben des Landes, das auch zum Nistkasten werden kann.

MATERIAL

- Sperrholz 0,9 cm
- Quadratleiste 1,5 x 1,5 cm als Eckstabilisierung der Wände
- Quadratleisten 1 x 1 als Begrenzung der oberen Bodenplatte
- Holzleisten 0,3 x 1,0 cm als »Futterfang«
- Schrauben
- Klavierband, 0,8 cm breit, am Stück kaufen und mit der Blech-/Gartenschere auf Maß schneiden
- Dachpappe
- Acrylfarbe in Blau, Gelb und Weiß

Zuschnittplan Seite 85

SO WIRD'S GEMACHT

❶ **Orientieren Sie** sich für die allgemeinen Vorarbeiten am Vogelhaus Casetta, Seite 52, Schritte 1 und 2.

❷ **Die drei Klappen** vorbereiten: Klavierbänder anschrauben und kleine Leisten wie bei einer Hühnerleiter aufleimen.

TIPP Für die Nutzung als Nistkasten muss ein Einflugloch, Ø 3 Zentimeter, gesägt werden (im Foto mit einer blauen Scheibe geschlossen). Das Haus vorher gründlich reinigen. Zum Schließen der Klappen Riegel anbringen.

❸ **Die obere Bodenplatte** auf die untere leimen und nageln. Daran werden die Klavierbänder der Klappen angeschraubt. Die untere Bodenplatte muss an ihrer oberen Kante leicht abgeschrägt werden, weil dort die Scharniere des Klavierbandes Platz finden. An den Klappenseiten Begrenzungsleisten auf die Bodenplatte leimen. Sie dienen als Anschlag, wenn die Klappen geschlossen sind.

❹ **Alle Wandteile** aufrichten und nur an der oberen Bodenplatte befestigen. An dieser auch die Bänder mit den Klappen anschrauben. Die vier Quadratleisten als Eckstabilisierungen einleimen.

❺ **Die Dachplatten** zusammenfügen, verleimen und am Giebel annageln. Die Dachpappe flächig mit Silikon verkleben.

Landhaus mit Veranda

Ein Luxushaus par excellence. Ob das die Vögel zu schätzen wissen? Den Menschen gefällt es. Sie können die Schindeln natürlich auch durch Dachpappe ersetzen.

MATERIAL

- Sperrholz 0,9 cm
- Quadratleiste 1,5 x 1,5 cm für Säulen
- Quadratleiste 2 x 2 cm als Firstverstärkung
- Holzleisten 0,3 bis 0,5 x 2,0 cm als Umrandung der Bodenplatte
- Profilleiste 1,5 x 4,0 bis 5,0 cm, an einer Seite mit rundem Profil, zum Sägen von Schindeln
- Dachpappe, alternativ
- Silikon zum Verkleben der Dachpappe
- Schrauben 3 x 30 mm
- Drahtstifte 2 x 15 mm
- Acryllack in Palisander

Zuschnittplan Seite 84

SO WIRD'S GEMACHT

1 Orientieren Sie sich für die Vorarbeiten an Casetta, Seite 52, Schritte 1 und 2.

2 Die Umrandung der Bodenplatte, die Säulen im Haupthaus und auf der Veranda (abgeschrägt auf 45 Grad) anleimen und von unten durch die Bodenplatte anschrauben, ebenso die Seitenwände. Die schmale Vorderwand sitzt zwischen den Seitenwänden auf den Säulen (nicht zu sehen im 3-D-Bild, nur ansatzweise im Foto auf der dritten Säule von links).

3 Die Dachflügel zusammenbauen wie bei der Jagdhütte, Seite 42, Schritt 4.

4 Die Dachplatte für die Veranda, an der Kante zur Wand auf 45 Grad abgeschrägt, aufsetzen.

5 Von der abgerundeten Profilleiste salamiartig 3 Millimeter dicke Scheiben als Schindeln absägen und damit, versetzt und überlappend, das Dach decken.

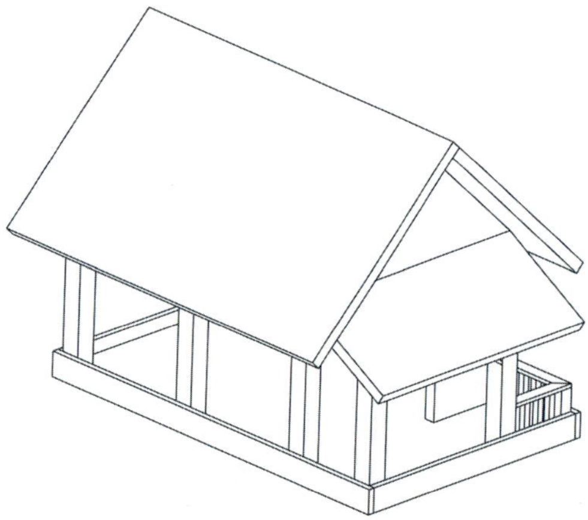

6 Das Geländer, wie in Foto und Zeichnung zu sehen, einbauen, den Schornstein nach Augenmaß nachbauen.

7 Die gesamte Anlage mit Acryllack in Palisander streichen.

TIPP Sie arbeiten effektiver, wenn Sie zum Sägen der Schindeln mehrere Leisten zusammen in den Schraubstock spannen.

Schwarzwaldhaus

Mit einem Krüppelwalmdach wie bei den typischen Häusern im Schwarzwald ist diese Vogelvilla ein echtes Schmuckstück in Ihrem Garten.

MATERIAL

- Sperrholz 0,9 cm
- Quadratleisten 1,5 x 1,5 cm
- Holzleisten 0,3 bis 0,5 x 2,0 cm als Umrandung der Bodenplatte
- Nadelfilzteppich in Grau als Dachdeckung
- Silikon zum Aufkleben des Kunstrasens bzw. Teppichs
- Schrauben 3 x 30 mm
- Drahtstifte 2 x 15 mm
- Rundkopfnägel
- Dickschichtlasur in Braun

Zuschnittplan Seite 83

SO WIRD'S GEMACHT

❶ **Zeichnen Sie** alle Holzteile nach Plan auf der Holzplatte so auf, dass möglichst wenig Abfall entsteht. Sägen Sie alle Teile nach Plan aus. Schleifen Sie die Kanten mit feinkörnigem Schleifpapier.

❷ **Halten Sie** die Teile in einzelnen Partien zuerst einmal »trocken« aneinander, um die Passgenauigkeit zu prüfen. Zusammengebaut wird wie im Folgenden beschrieben.

❸ **Beginnen Sie** den Zusammenbau mit der Umrandung der Bodenplatte vorne und seitlich. Die Rückwand läuft über die ganze Breite der Bodenplatte. Die beiden Seitenwände, auf die Rückwand gestoßen, werden durch schmale Vorderwände abgeschlossen.

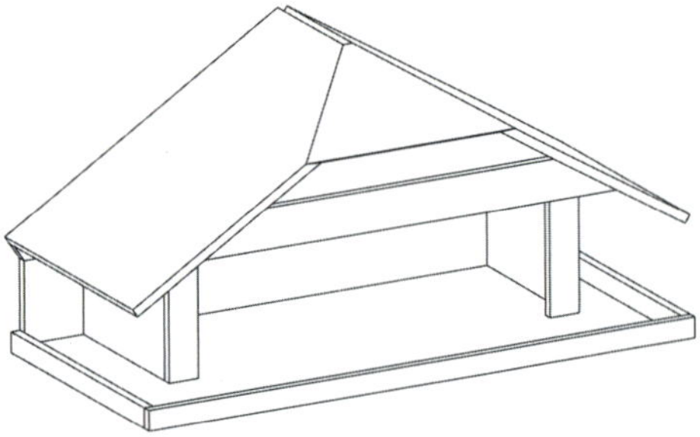

Den Zwischenboden auf die Seitenwände und die Rückwand oben bündig aufleimen, sodass die obere Rückwand auf dem Zwischenboden steht.

❹ **Auf der Vorderseite** auf den Zwischenboden den Giebel setzen und darauf den Giebelvorsatz leimen. Er wird abschließend als Balkon mit Blumen- und Früchtebildern bemalt oder beklebt.

❺ **Die beiden großen** Dachplatten zusammenfügen, verleimen und auf Rück- und Seitenwänden anschrauben. Das dreieckige Krüppelwalmteil vorne einpassen.

❻ **Von allen Dachteilen** Maß nehmen und auf den Nadelfilzteppich übertragen. Dabei an den Außenseiten kleine Überstände mit einrechnen (siehe Foto). Präzise ausschneiden und flächig mit Silikon verkleben.

❼ **Die Dickschichtlasur** in Braun mehrmals mit einem Borstenpinsel auftragen. Auf dem Giebelvorsatz das Balkongeländer zusammen mit Blumenschmuck oder Früchten aufmalen oder aufkleben.

Zuschnittpläne

FUTTERSTOCK

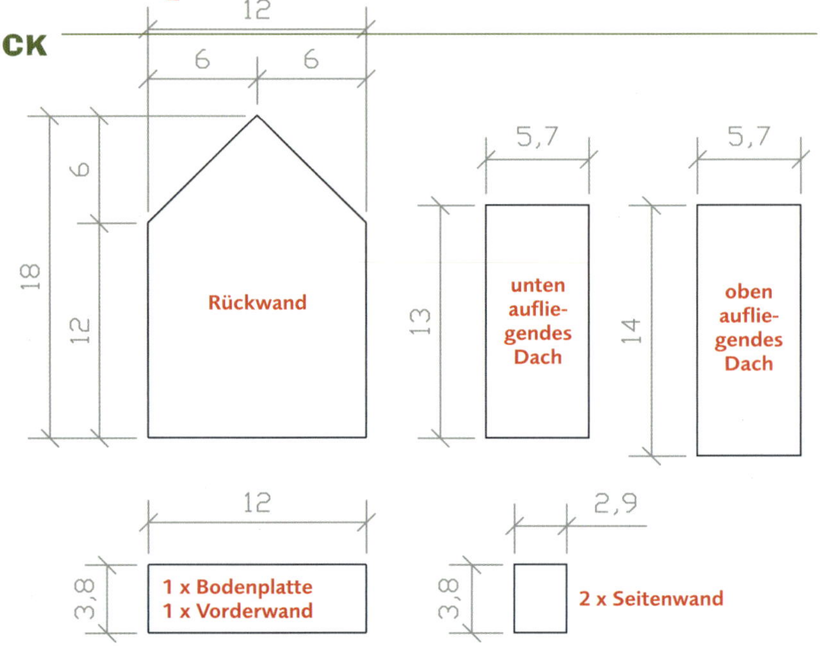

DOPPELPACK-FUTTERSTELLE

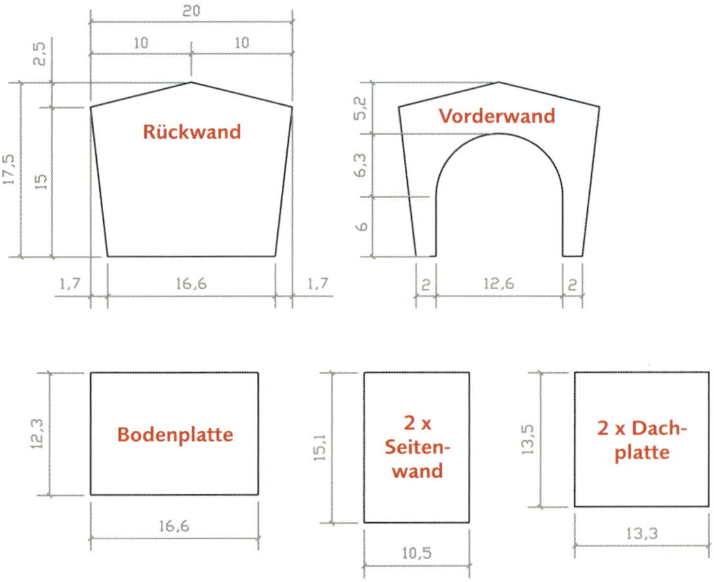

FUTTERHÄNGER

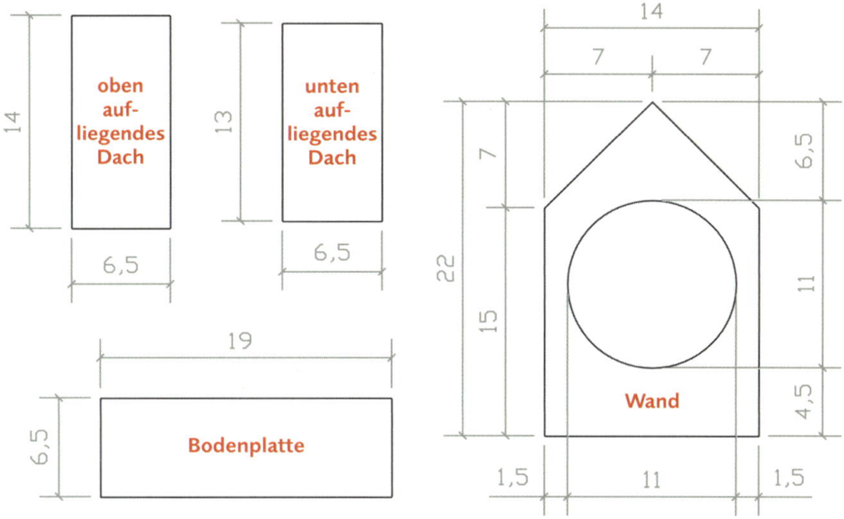

FUTTERDACH NATIONAL

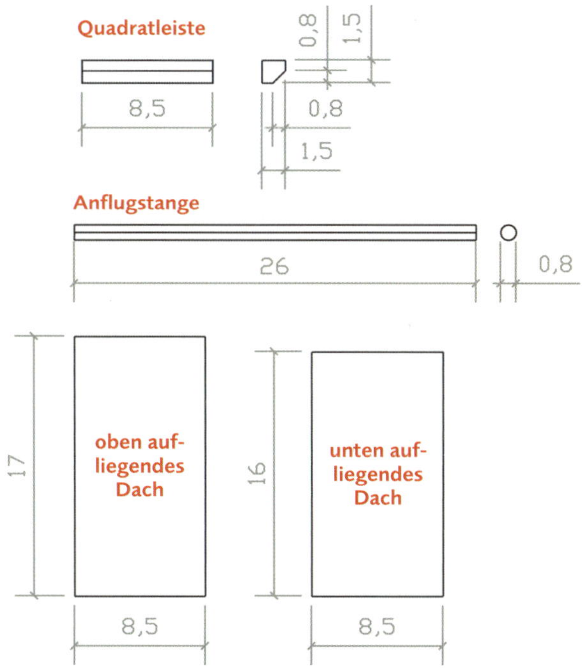

REGENBOGENHAUS

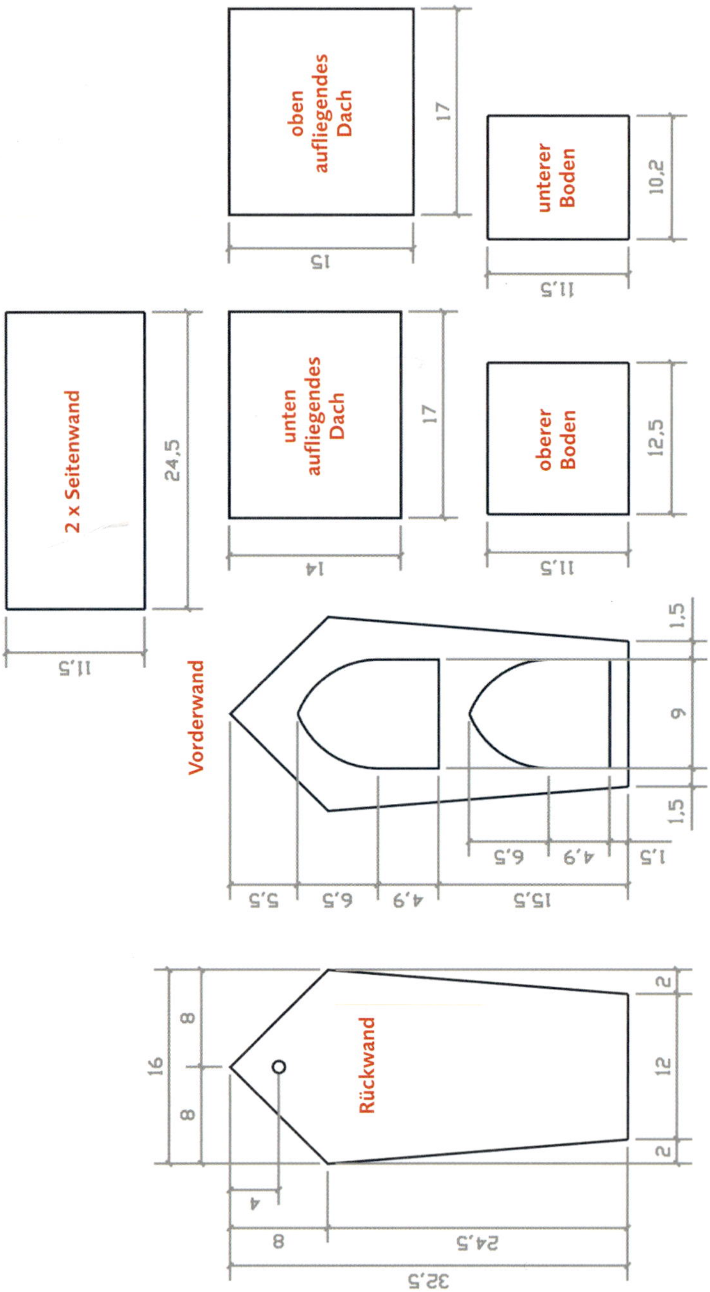

MARGERITA

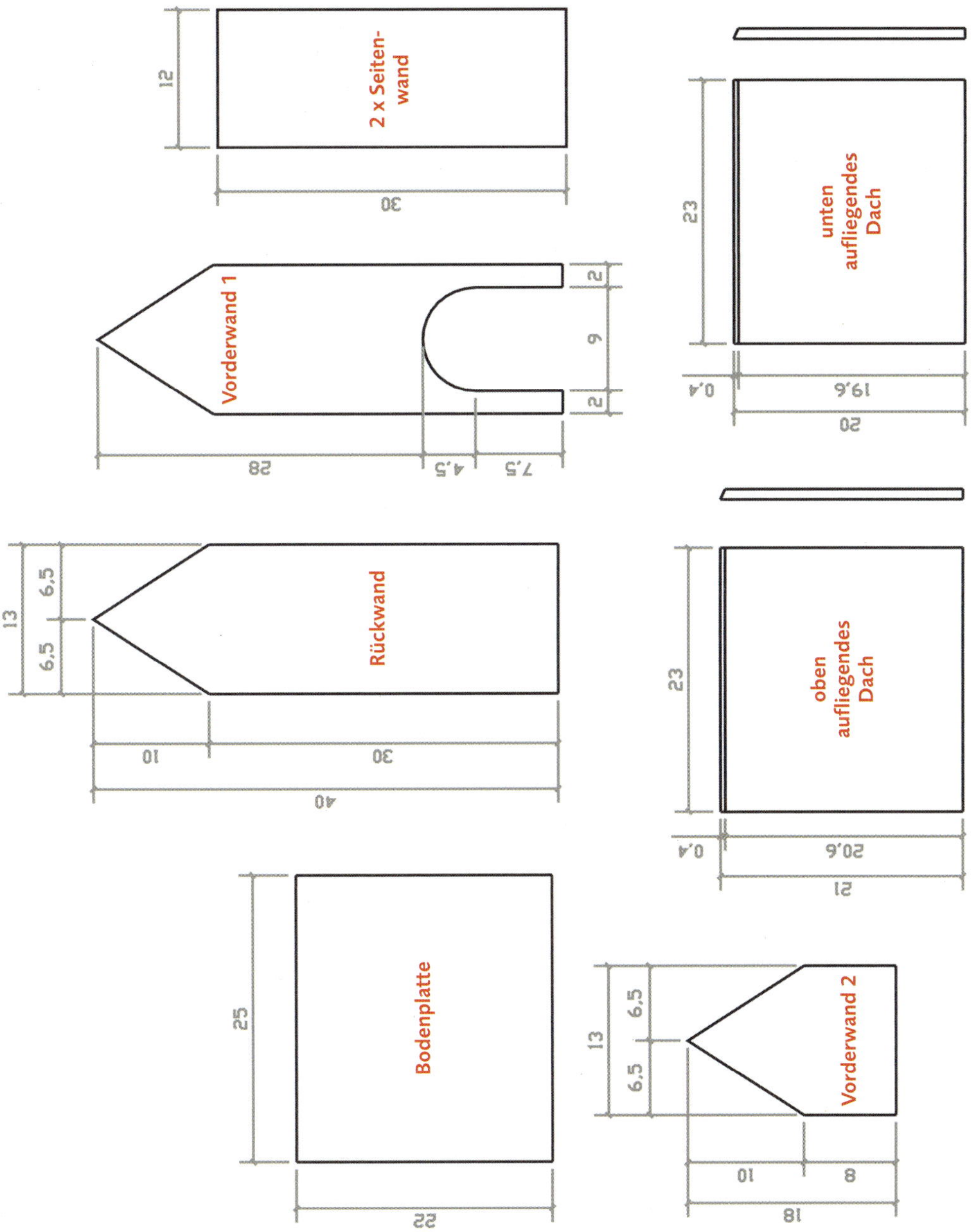
2 x Seiten-
wand
12
30
Vorderwand 1
2
9
2
28
4,5
7,5
Rückwand
13
6,5
6,5
10
30
40
Bodenplatte
25
22
unten
aufliegendes
Dach
23
0,4
19,6
20
oben
aufliegendes
Dach
23
0,4
20,6
21
Vorderwand 2
13
6,5
6,5
10
8
18

JAUSENSTATION

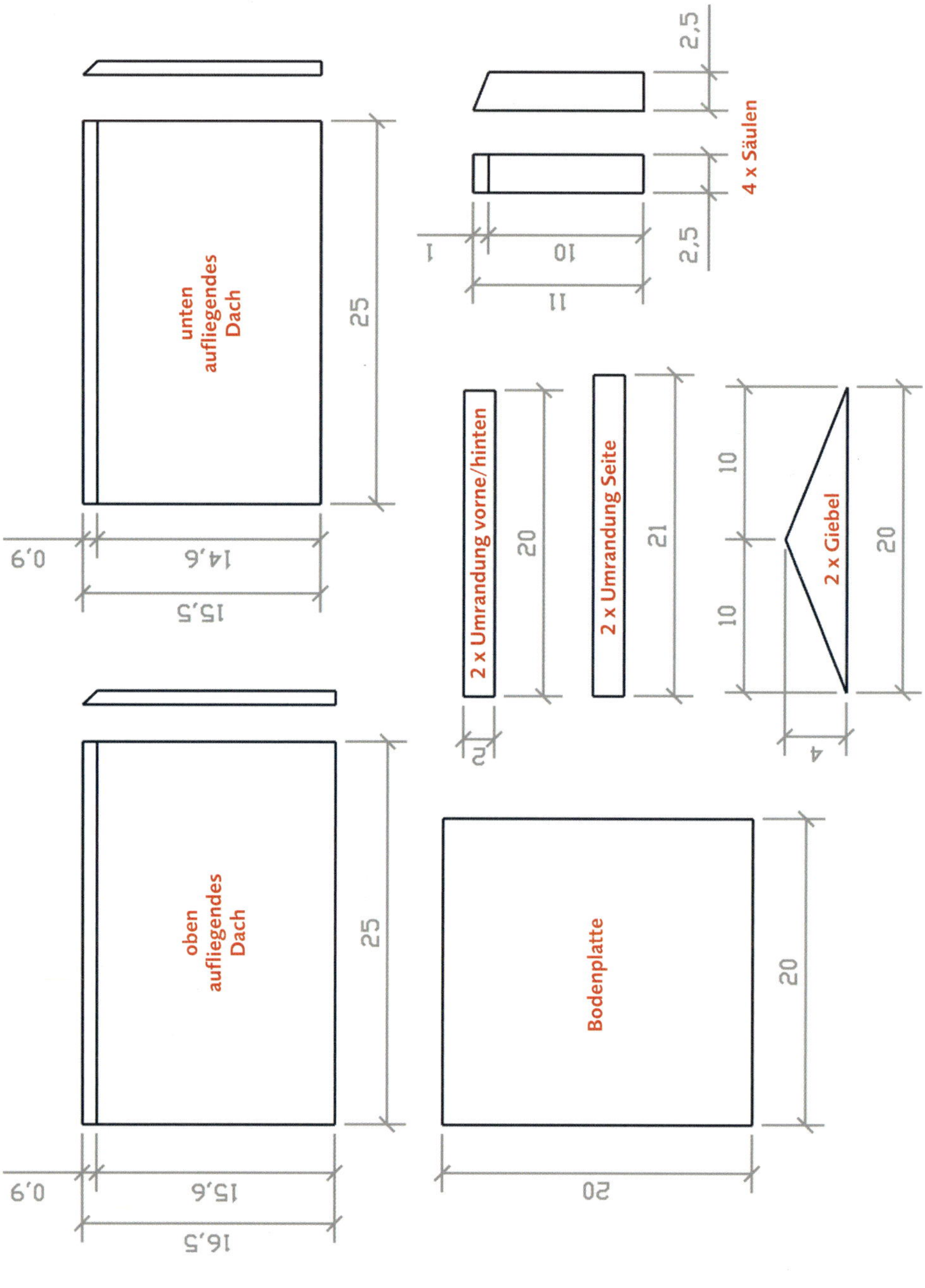

TANKSTELLE

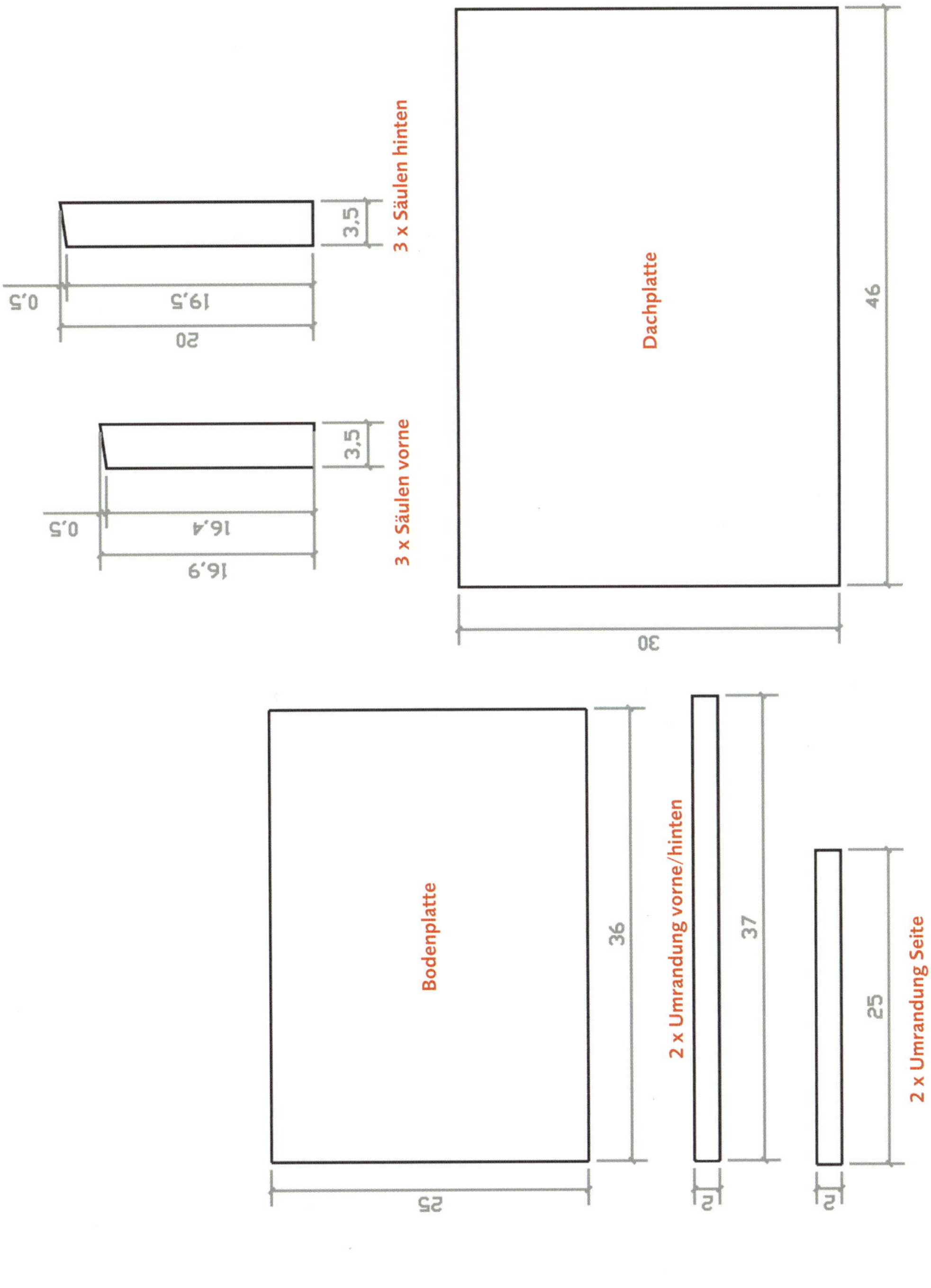
3 x Säulen hinten
3,5
19,5
0,5
20
3 x Säulen vorne
3,5
16,4
0,5
16,9
Dachplatte
46
30
Bodenplatte
36
25
2 x Umrandung vorne/hinten
37
2 x Umrandung Seite
25

FUTTERSILO

Elemente für »Auflagestuhl«

④ »Rückenlehne«

⑤ »Sitzfläche«

Elemente für Futterrutsche

② Rutschbrett

③ Vorderwand = Futterrückhalte

Sonstige Elemente

① Dachbalken zur Dacharretierung

⑥ Sitzstange

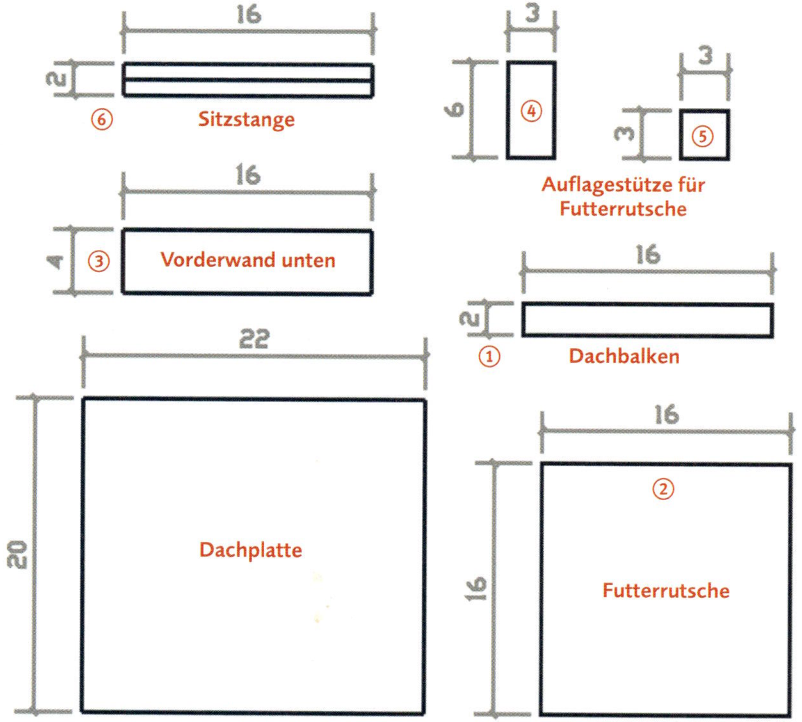

FUTTERSILO

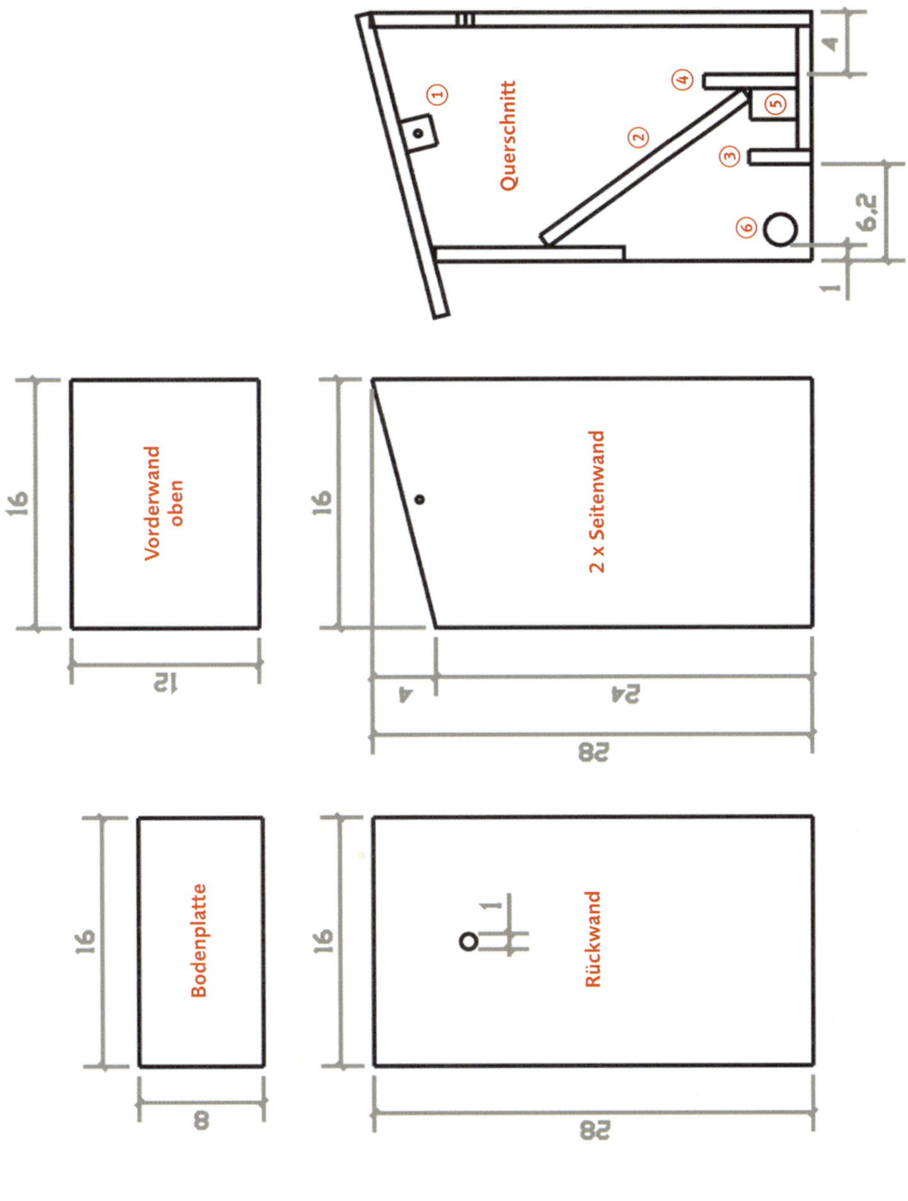
Querschnitt
1
2
3
4
5
6
4
6,2
1
Vorderwand oben
16
12
2 x Seitenwand
16
4
24
28
Bodenplatte
16
8
Rückwand
16
28
1

DICK

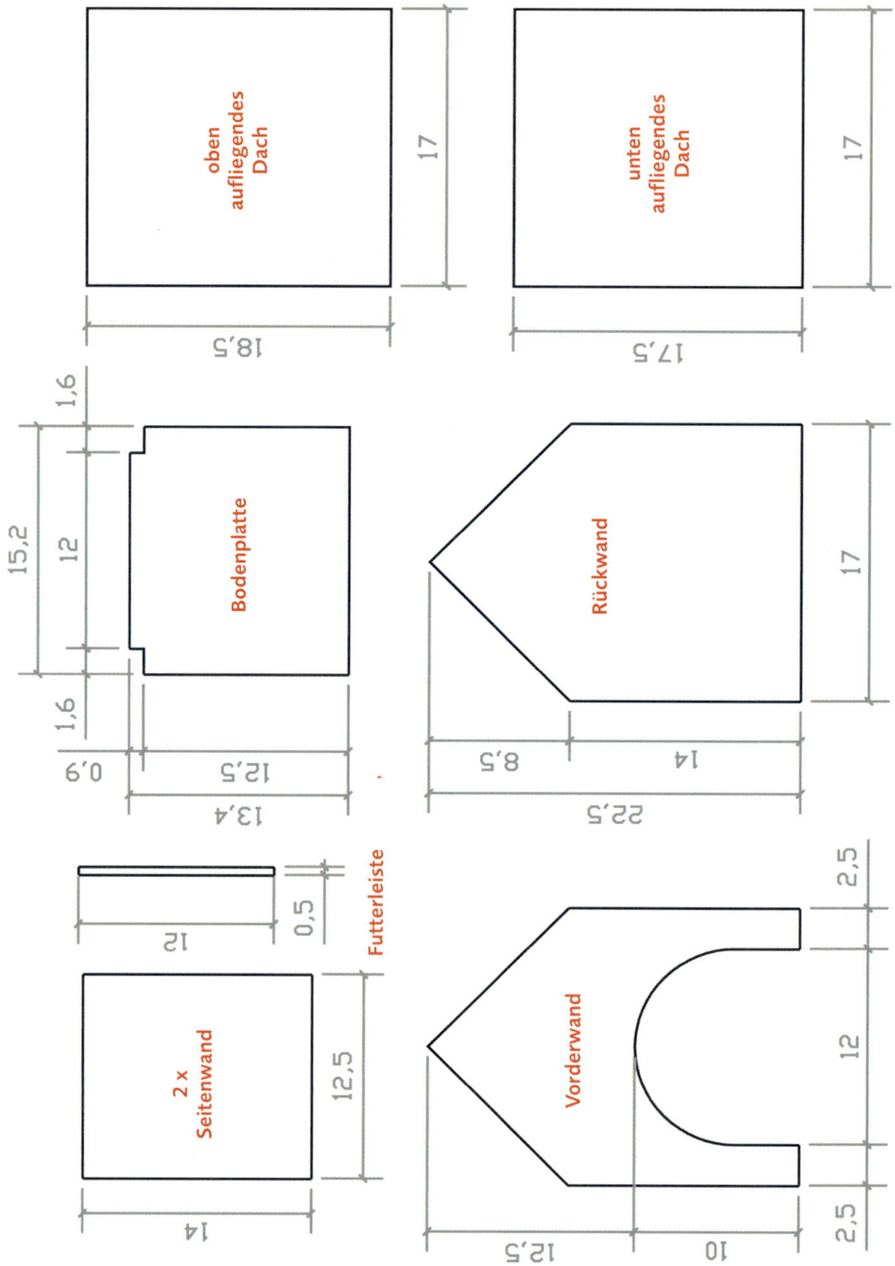
oben aufliegendes Dach
18,5
17
unten aufliegendes Dach
17,5
17
Bodenplatte
1,6
15,2
12
1,6
0,9
12,5
13,4
Rückwand
17
8,5
14
22,5
2 x Seitenwand
14
12,5
12
0,5
Futterleiste
Vorderwand
2,5
12
2,5
12,5
10

DOOF

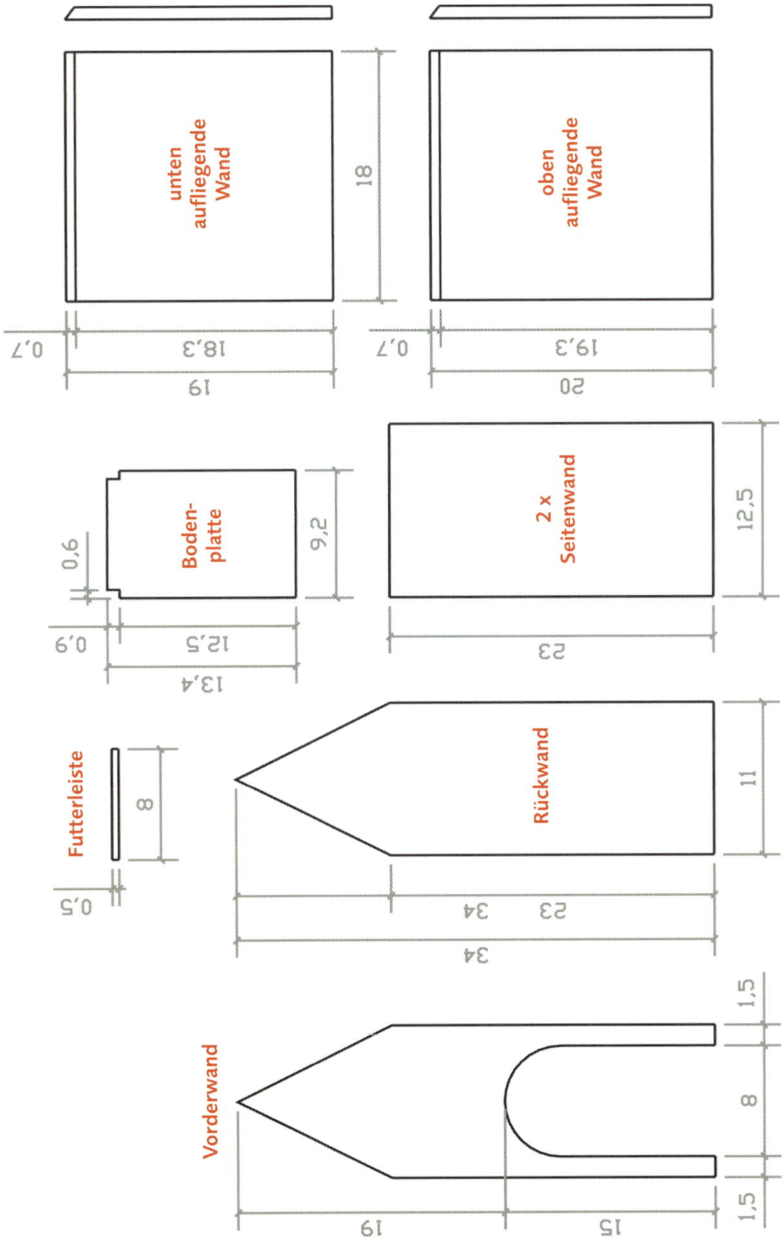

unten aufliegende Wand
18
0,7
18,3
19
oben aufliegende Wand
0,7
19,3
20
Boden-platte
0,6
9,2
0,9
12,5
13,4
2 x Seitenwand
12,5
23
Futterleiste
8
0,5
Rückwand
11
34
23
34
Vorderwand
1,5
8
1,5
19
15

OASE

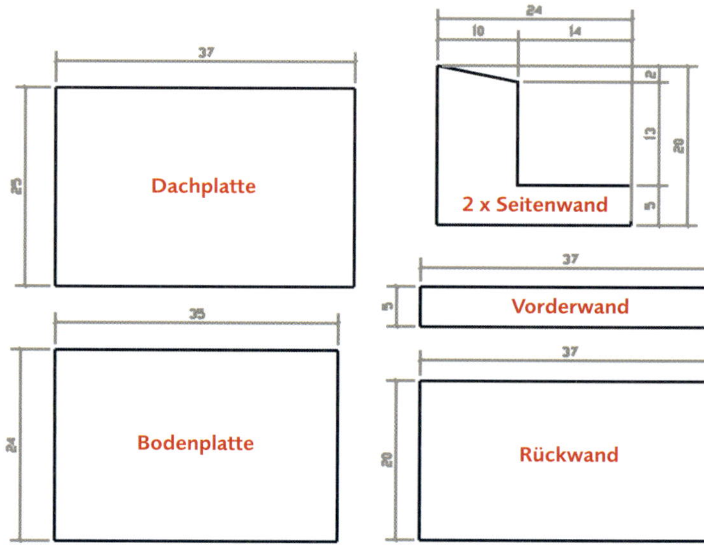

ZWITSCHERKASTEN

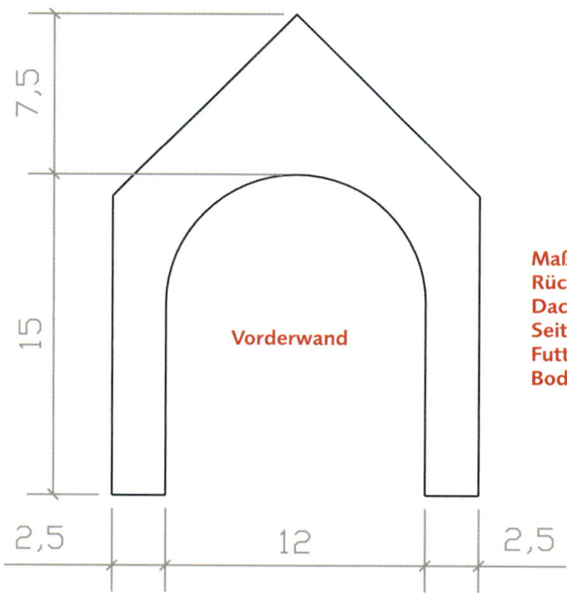

Maße wie bei Dick (S. 72):
Rückwand
Dach
Seitenwand
Futterleiste
Bodenplatte

TEMPEL

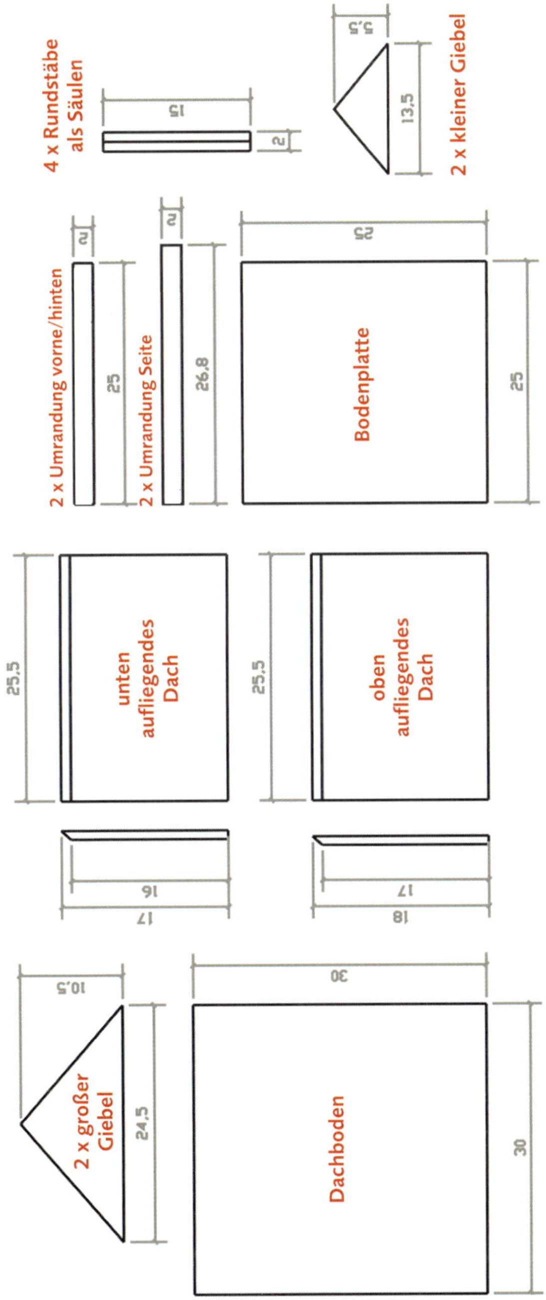
4 x Rundstäbe als Säulen
15
2
2 x kleiner Giebel
5,5
13,5
2 x Umrandung vorne/hinten
2
25
2 x Umrandung Seite
2
26,8
Bodenplatte
25
25
unten aufliegendes Dach
25,5
16
17
oben aufliegendes Dach
25,5
17
18
2 x großer Giebel
10,5
24,5
Dachboden
30
30

Maße wie bei Landhaus (S. 84):
Seitenwand
Rückwand
Vorderwandleiste
Dachplatte
Säulen

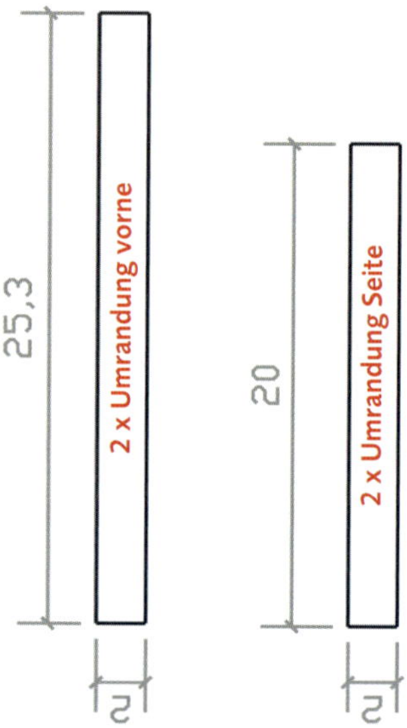

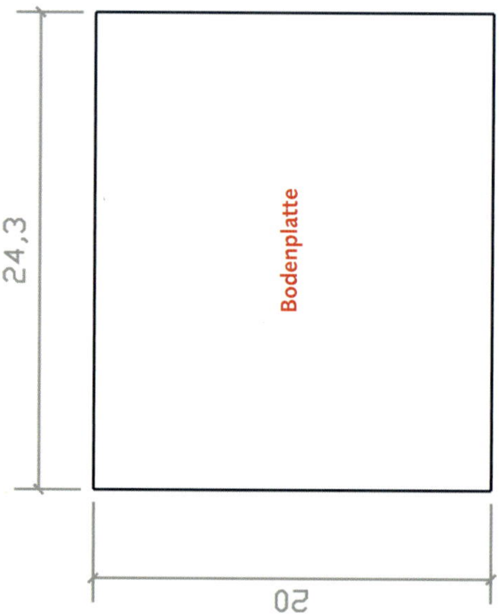

BAUERNKATE

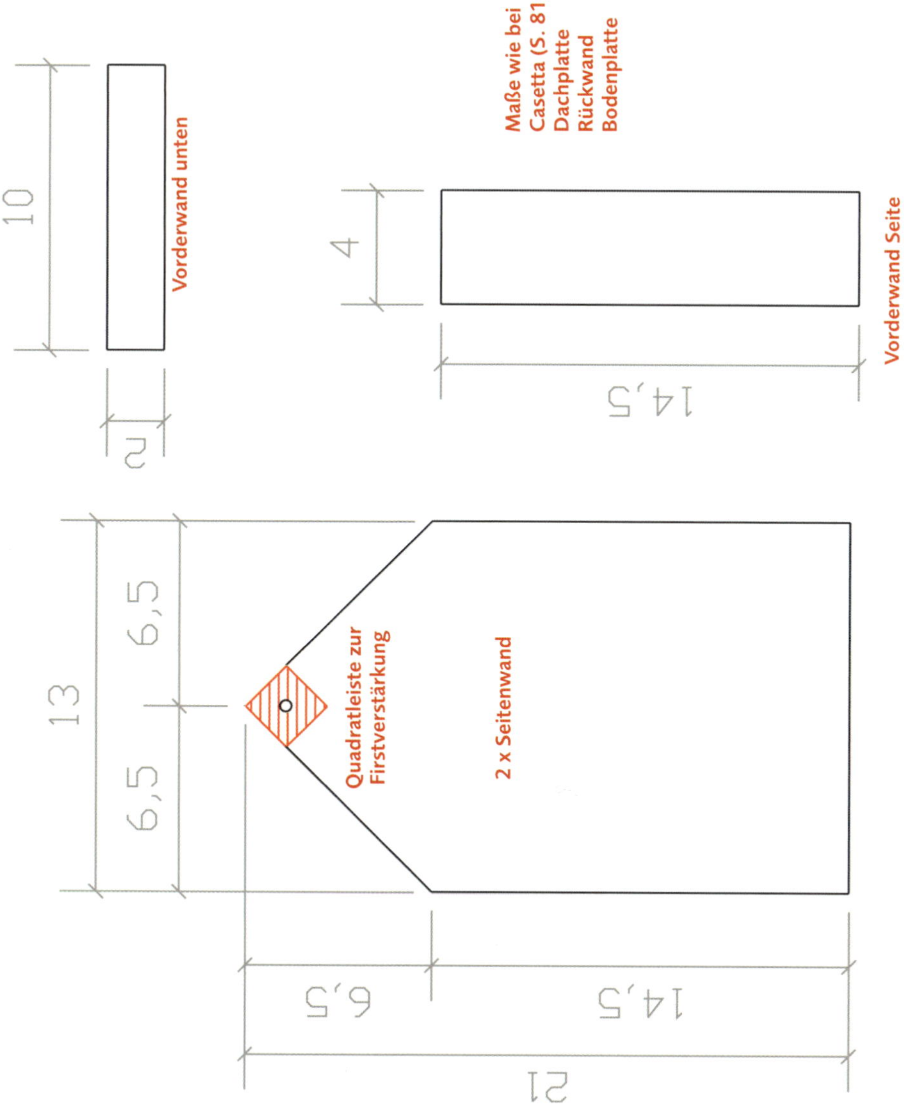
10
5
Vorderwand unten
Maße wie bei
Casetta (S. 81):
Dachplatte
Rückwand
Bodenplatte
4
14,5
Vorderwand Seite
13
6,5
6,5
Quadratleiste zur
Firstverstärkung
2 x Seitenwand
6,5
14,5
21

COTTAGE

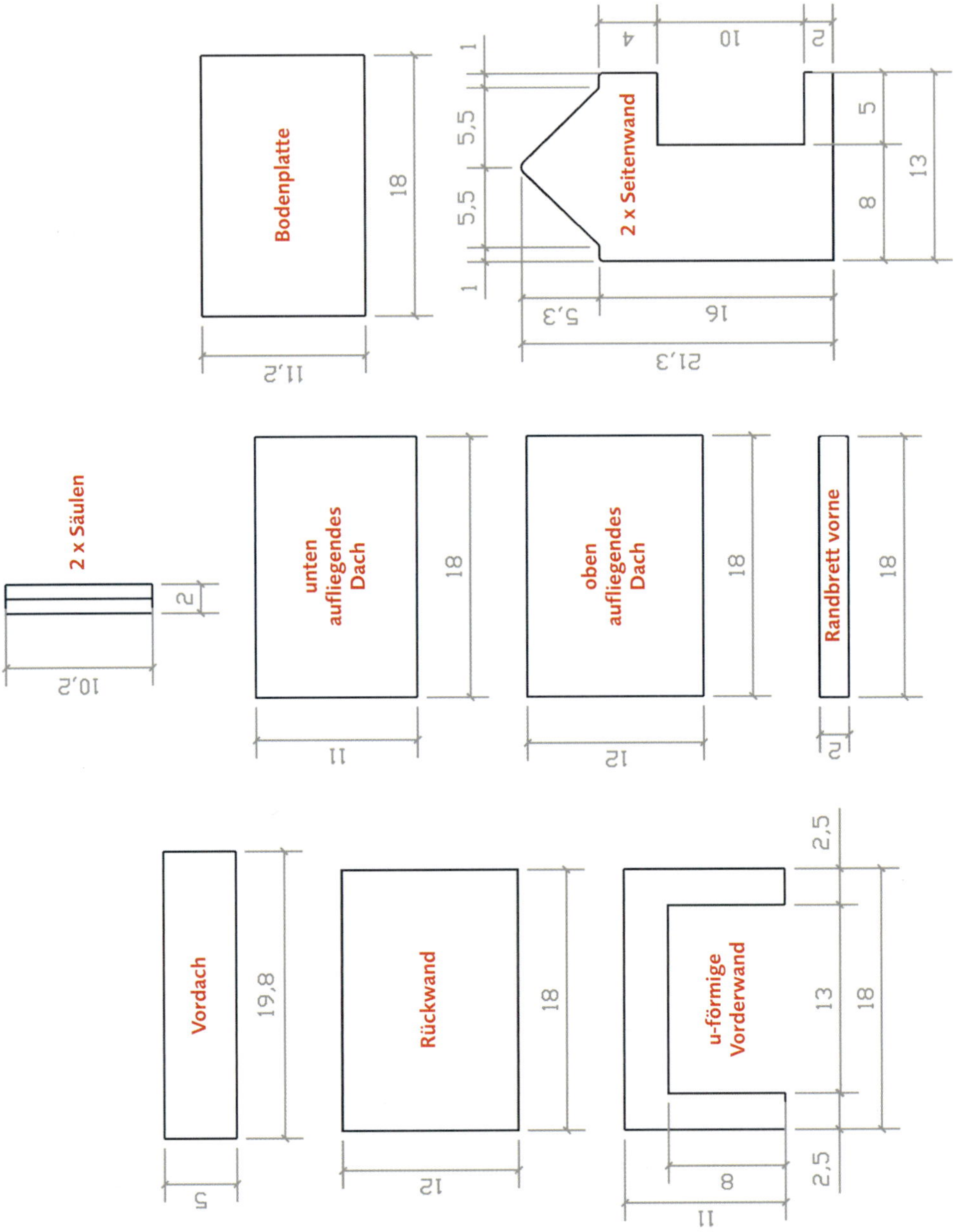

Bodenplatte
18
11,2
2 x Seitenwand
1
5,5
5,5
1
4
10
2
5
8
13
5,3
16
21,3
2 x Säulen
2
10,2
unten aufliegendes Dach
18
11
oben aufliegendes Dach
18
12
Randbrett vorne
18
2
Vordach
19,8
5
Rückwand
18
12
u-förmige Vorderwand
2,5
13
18
2,5
8
11

RAKETE

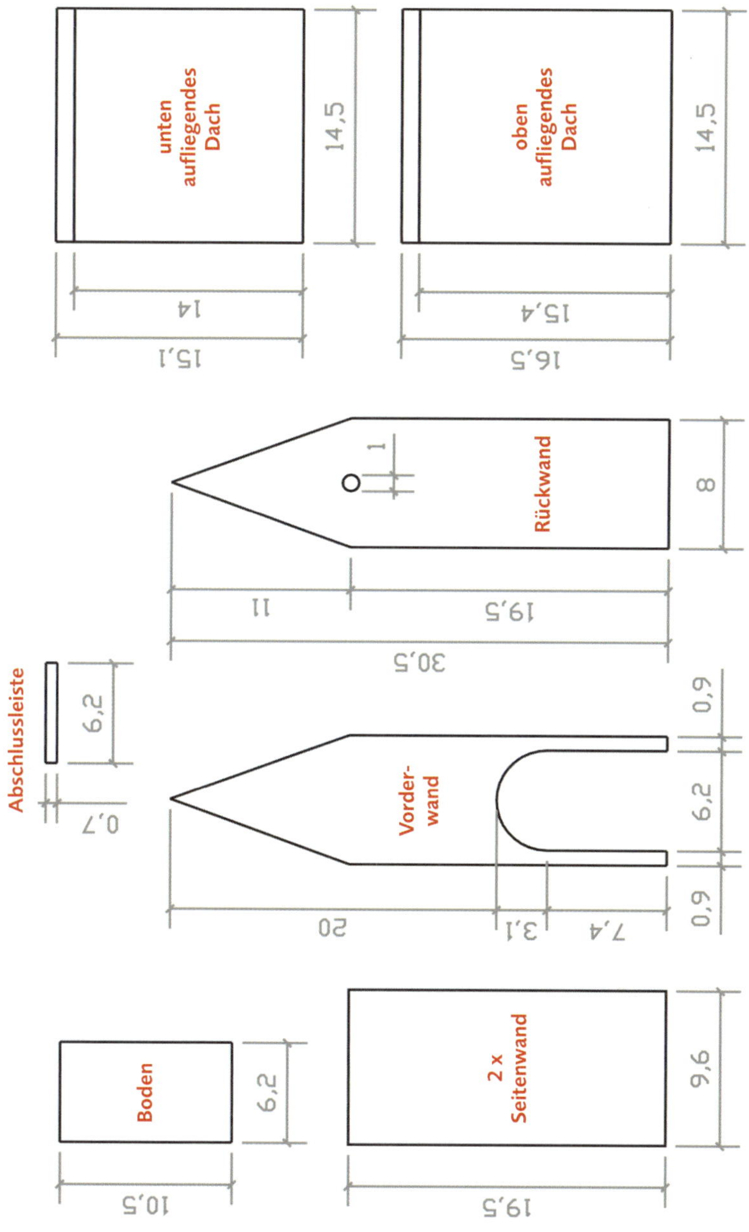
unten aufliegendes Dach
14,5
14
15,1
oben aufliegendes Dach
14,5
15,4
16,5
Rückwand
1
8
11
19,5
30,5
Abschlussleiste
6,2
0,7
Vorder-wand
0,9
6,2
0,9
20
3,1
7,4
Boden
6,2
10,5
2 x Seitenwand
9,6
19,5

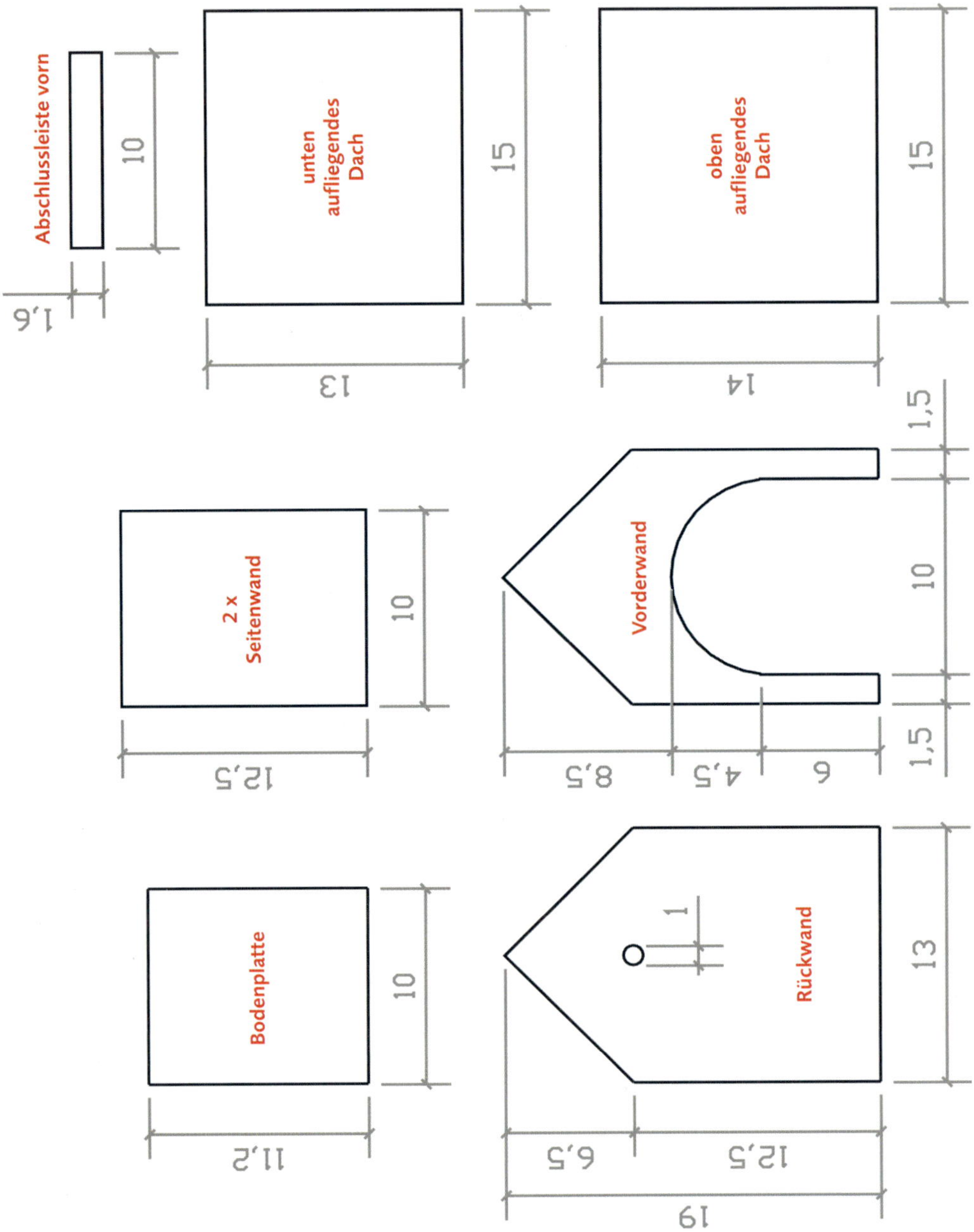
Abschlussleiste vorn
10
1,6
unten aufliegendes Dach
15
13
oben aufliegendes Dach
15
14
2 x Seitenwand
10
12,5
Vorderwand
1,5
10
1,5
8,5
4,5
6
Bodenplatte
10
11,2
Rückwand
1
13
6,5
12,5
19

CASETTA

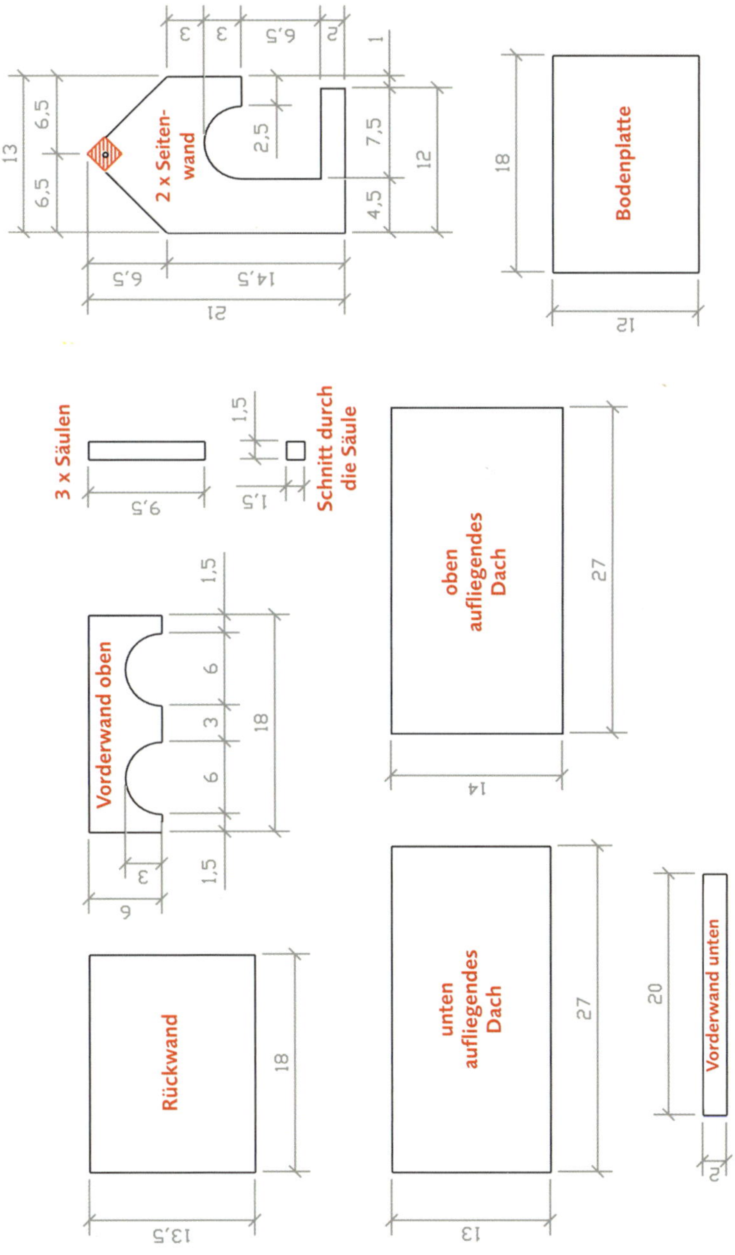
2 x Seitenwand
Bodenplatte
3 x Säulen
Schnitt durch die Säule
Vorderwand oben
oben aufliegendes Dach
Rückwand
unten aufliegendes Dach
Vorderwand unten

BONBONHAUS

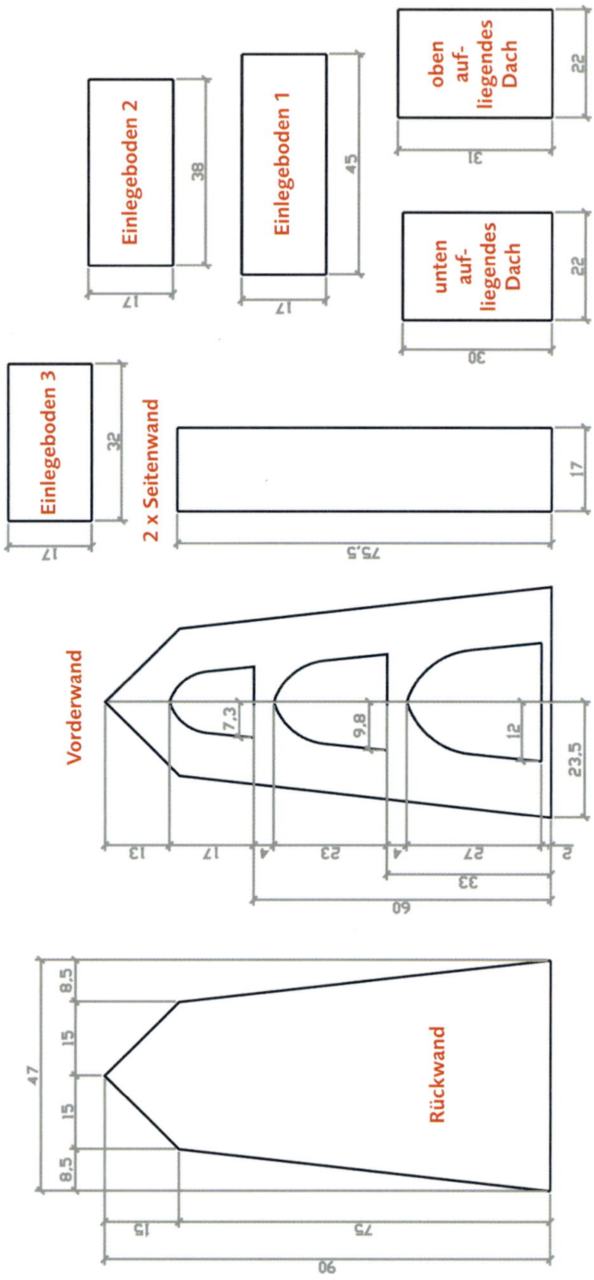

Einlegeboden 2
38
17
Einlegeboden 1
45
17
oben auf- liegendes Dach
22
31
unten auf- liegendes Dach
22
30
Einlegeboden 3
32
17
2 x Seitenwand
17
75,5
Vorderwand
7,3
9,8
12
23,5
13
17
4
23
4
27
2
33
60
Rückwand
47
8,5
15
15
8,5
15
75
90

SCHWARZWALDHAUS

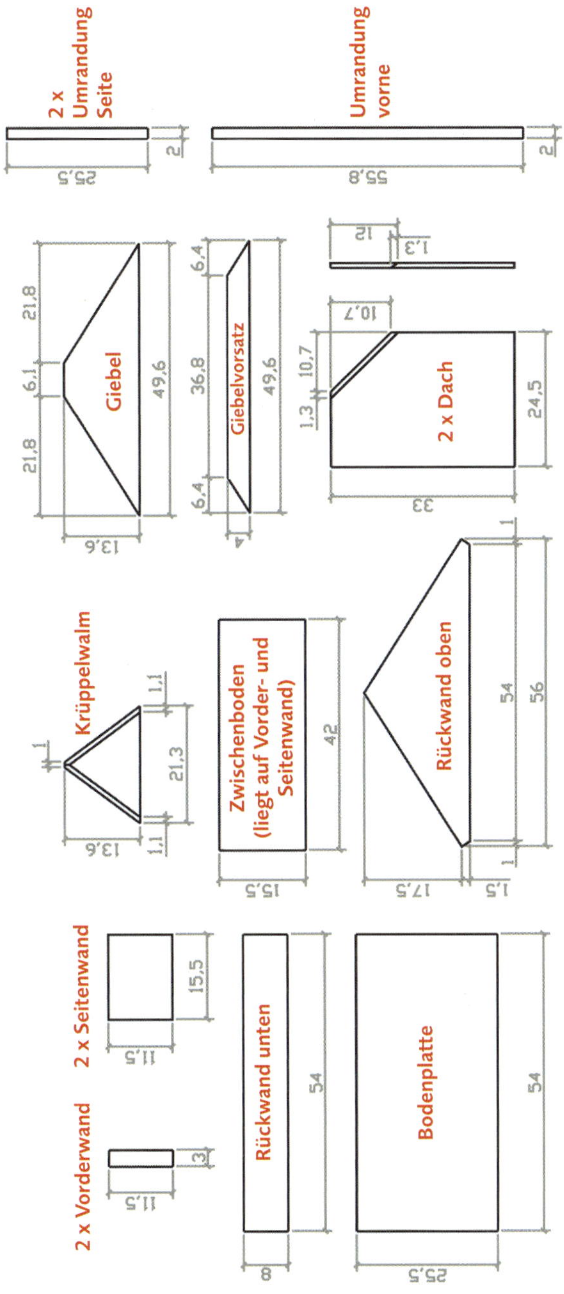

LANDHAUS MIT VERANDA

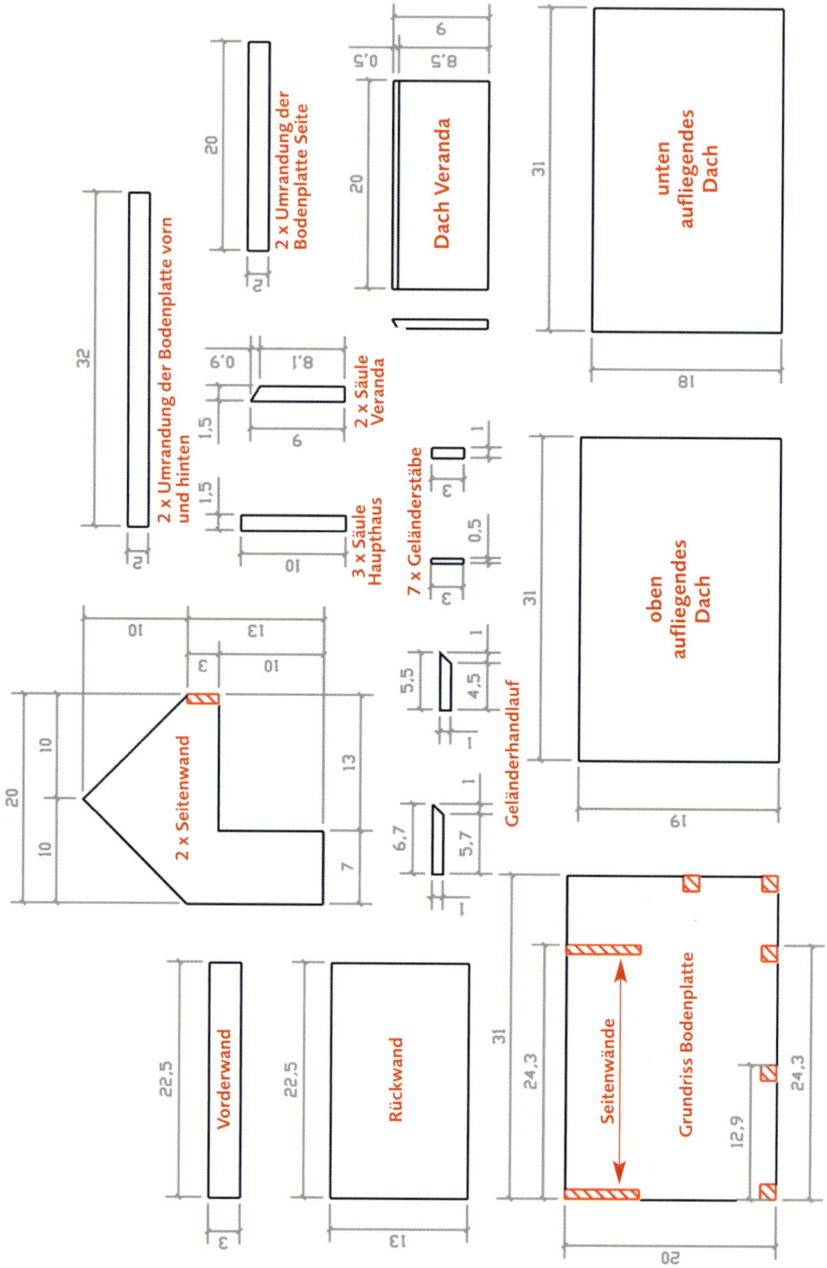

SCHWEDENHAUS

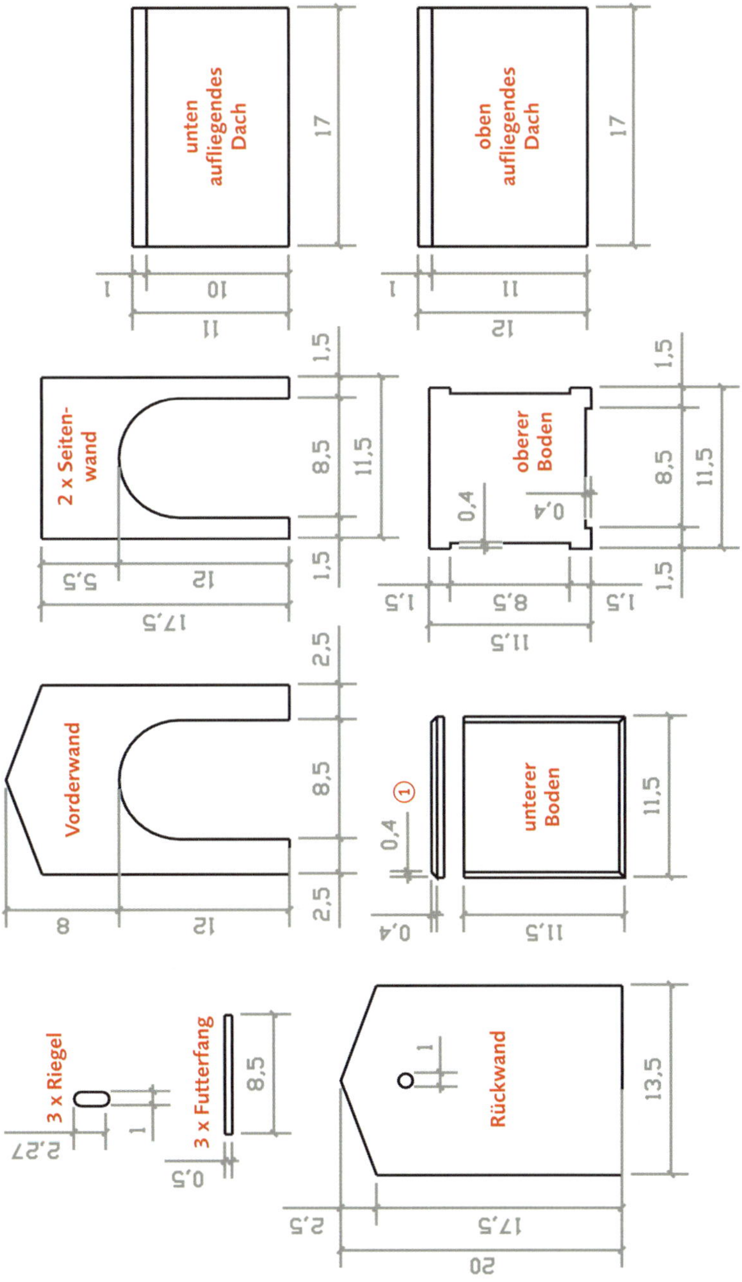

① Schnitt durch die aufeinanderliegenden Bodenplatten. Die obere Platte ist abgeschrägt zur Aufnahme des Scharniers des Klavierbands.

FACHWERKHAUS

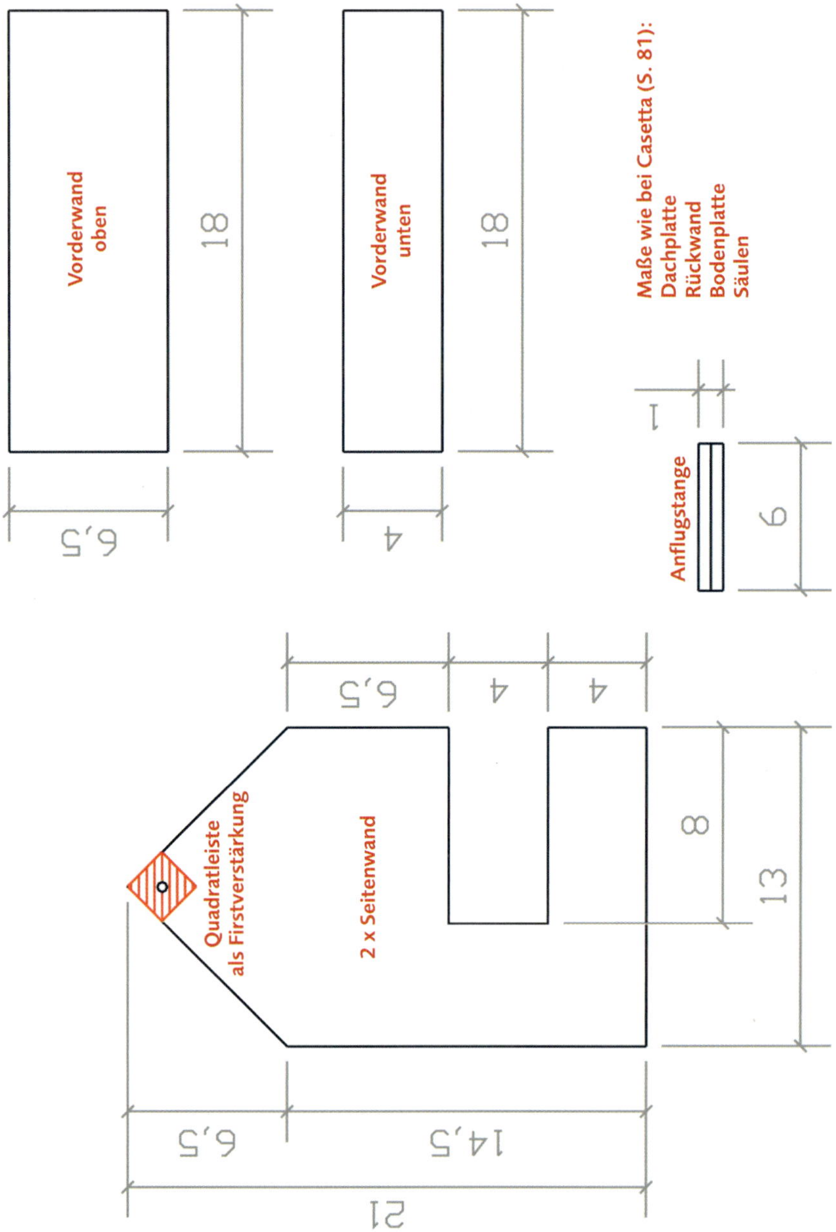

FUTTERTURM

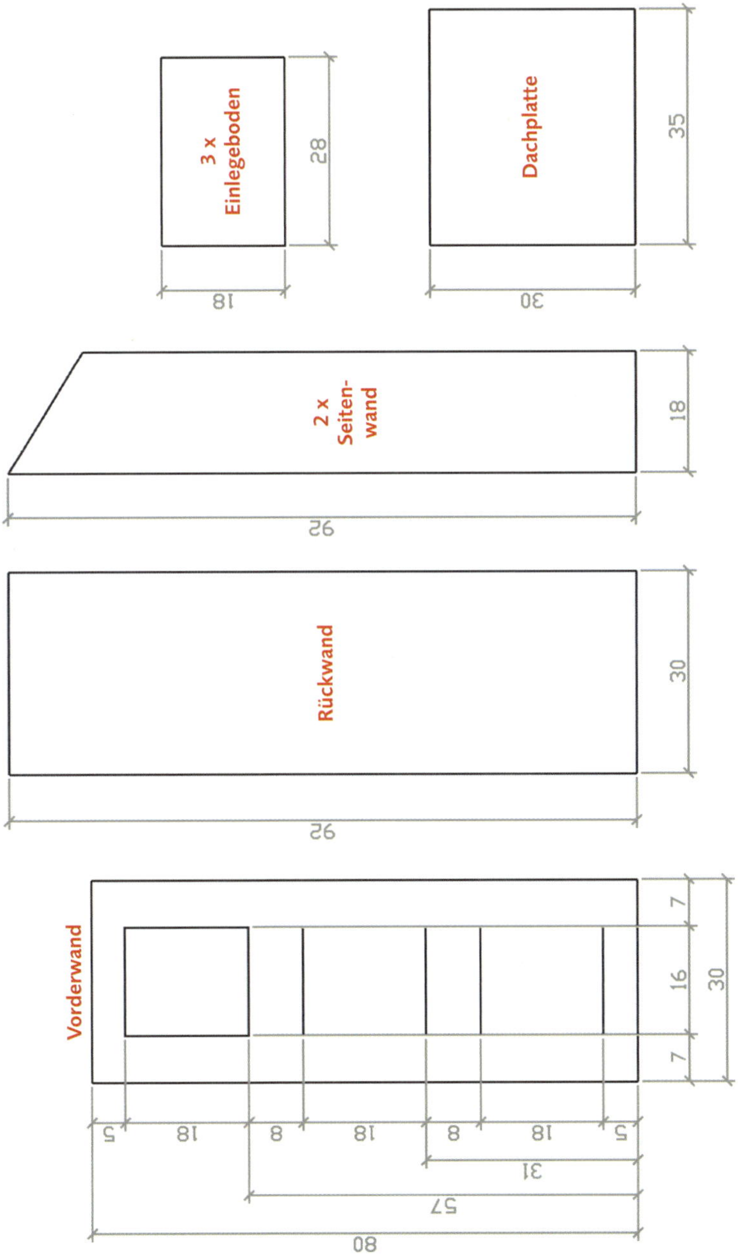
3 x Einlegeboden
28
18
Dachplatte
35
30
2 x Seiten-wand
18
92
Rückwand
30
92
Vorderwand
7
16
7
30
5
18
8
18
8
18
5
31
57
80

Über dieses Buch

Die Autorin
Anne Kopp ist ausgebildete Betriebswirtschaftlerin, hat sich aber nach Aufgabe ihres eigentlichen Berufes ganz der kreativen Arbeit gewidmet. Sie leitet seit mehr als 20 Jahren Kreativkurse für Kinder und Senioren in einer Begegnungsstätte.

Der Fotograf
Johann Sebastian Kopp hat schon als Kind seine Liebe zum Fotografieren entdeckt, später konnte er seine Leidenschaft schließlich zum Beruf machen. Heute arbeitet er als selbstständiger Fotograf in der Verlags- und Werbebranche mit Schwerpunkt auf Sport- und People-Fotografie.

Ein Dankeschön
... gilt meinem Ehemann Dieter, der für die Holzarbeiten und die Technik zuständig ist.
... gilt meinen Kindern, die mich vielfältig unterstützen mit Ideen, mit der Anfertigung der Zeichnungen und tollen Fotos.
... gilt meiner Freundin Heidi Jastram, die vor vielen Jahren in mir das Talent entdeckte, mit Pinsel und Farbe zu gestalten. Ihr Rat und ihre konstruktive Kritik sind mir noch immer sehr wichtig.

Weltbild Buchverlag
–Originalausgaben–

Steinerne Furt, 86167 Augsburg

Projektleitung: Almut Seikel
Redaktion: Manfred Braun
Umschlaggestaltung und Layout: X-Design, München
Satz: Brigitte Tschöcke
Reproduktion: Point of Media GmbH
Druck und Bindung: TYPOS-Digital Print, Plzen

Gedruckt auf chlorfrei gebleichtem Papier
Printed in the EU
ISBN 978-3-89897-724-1

Stichwortverzeichnis